AVENTURANDO-SE
através da **BÍBLIA**

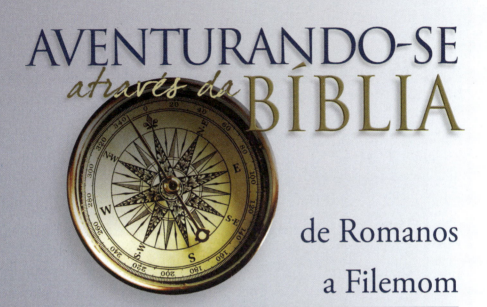

de Romanos a Filemom

As epístolas de Paulo

Publicações
Pão Diário

AVENTURANDO-SE através da BÍBLIA

de Romanos a Filemom

As epístolas de Paulo

RAY C. STEDMAN

Adventuring Through the Bible: A Comprehensive Guide to the Entire Bible
Copyright © 1997 by Elaine Stedman
Translated and Published by special arrangement with
Discovery House Publishers,
3000 Kraft Avenue SE, Grand Rapids, Michigan, 49512 USA

Coordenação editorial: Dayse Fontoura
Tradução: João Ricardo Morais
Revisão: Dayse Fontoura, Rita Rosário, Thaís Soler, Lozane Winter
Projeto gráfico e capa: Audrey Novac Ribeiro

Dados Internacionais de Catalogação na Publicação (CIP)

Stedman, Ray (1917–1992)
Aventurando-se através da Bíblia — de Romanos a Filemom.
Tradução: João Ricardo Morais – Curitiba/PR, Publicações Pão Diário.
Título original: *Adventuring Through the Bible: A Comprehensive Guide to the Entire Bible*

1. Bíblia   2. Teologia prática   3. Vida cristã   4. Religião Prática

Proibida a reprodução total ou parcial, sem prévia autorização, por escrito, da editora.
Todos os direitos reservados e protegidos pela Lei 9.610, de 19/02/1998.
Pedidos de permissão para reprodução: permissao@paodiario.org

Exceto quando indicado o contrário, os trechos bíblicos mencionados são da edição Revista e Atualizada de João F. de Almeida © 2009 Sociedade Bíblica do Brasil.

Publicações Pão Diário
Caixa Postal 4190,
82501-970 Curitiba/PR, Brasil
publicacoes@paodiario.org
www.publicacoespaodiario.com.br
(41) 3257-4028

Código: GP230
ISBN: 978-1-68043-288-6

Impresso na China

SUMÁRIO

Introdução 7

1. DE ROMANOS A FILEMOM
   Cartas à Igreja: As epístolas de Paulo 9

2. ROMANOS
   A chave-mestra para as Escrituras 15

3. 1 CORÍNTIOS
   A epístola para o século 21 29

4. 2 CORÍNTIOS
   Quando sou fraco, então, é que sou forte 45

5. GÁLATAS
   Como ser livre 57

6. EFÉSIOS
   O chamado dos santos 71

7. FILIPENSES
   Cristo, nossa confiança e nossa força 83

8. COLOSSENSES
   Poder e alegria 93

9. 1 TESSALONICENSES
   Esperança para um mundo desesperançado ...107

10. 2 TESSALONICENSES
    Detendo a iniquidade 119

11. 1 TIMÓTEO
    Como edificar uma igreja 129

12. 2 TIMÓTEO
    Cristãos firmes em um mundo decadente..*141*

13. TITO
    Esperança para o futuro, auxílio para o presente..*155*

14. FILEMOM
    Um irmão restaurado..*165*

INTRODUÇÃO

Este fascículo de *Aventurando-se através da Bíblia — de Romanos a Filemom* foi especialmente elaborado para facilitar a compreensão do contexto histórico e cultural em que o cristianismo se desenvolveu no primeiro século da era cristã.

Colorido e repleto de linhas do tempo, esquemas, ilustrações e mapas, o conteúdo das epístolas escritas pelo apóstolo Paulo é abordado de forma simples e empolgante, para captar, de igual forma, a atenção de líderes e leigos.

Ray Stedman conduz o leitor através do contexto do Império Romano daquela época e da influência que a cultura pagã exerce sobre cada cidade onde a Igreja estava estabelecida. Usa, também, exemplos da história geral e da vida contemporânea para facilitar o entendimento da mensagem bíblica.

Nosso desejo é que ao usar esse guia de estudo, quer para crescimento pessoal quer para ministração de estudos bíblicos em sua comunidade, você possa descobrir quais são os desafios e os compromissos que a Igreja cristã tem com seu Salvador.

—*Dos editores do* Pão Diário

Oliveiras no jardim do Getsêmani

DE ROMANOS A FILEMOM — CAPÍTULO 1

Cartas à Igreja: As epístolas de Paulo

O propósito da revelação divina é a transformação de vidas humanas.

Não devemos apenas *ler* a Bíblia, mas, sim, *vivenciá-la*. Nosso encontro com a Palavra de Deus deveria transformar nossa vida. Se a Bíblia não está nos transformando, então há algo muito errado com a maneira como nos aproximamos dela.

A Bíblia é um livro vivo, com uma mensagem viva, que Deus nos deu para transformar nosso modo de vida. O propósito do Antigo Testamento é nos *preparar* para a verdade. O propósito do Novo Testamento é nos ajudar a *compreender* a verdade.

No Novo Testamento, os evangelhos e Atos se unem para nos apresentar a pessoa e a obra de Jesus Cristo, em Seu corpo físico e em Seu corpo de cristãos, a Igreja.

Em seguida, vêm as 13 epístolas (ou cartas) de Paulo. Depois, temos a carta aos Hebreus e as cartas de Tiago, Pedro, João e Judas. Estas epístolas nos explicam a pessoa de Jesus Cristo e o modo de viver do cristão.

Finalmente, chegamos ao último livro da Bíblia, o capítulo final da revelação bíblica. Não é apenas o relato do fim da história e o ápice do plano de Deus, mas ele também contém as únicas cartas escritas a nós pelo Senhor ressurreto — as sete cartas às igrejas do primeiro século.

As epístolas

Quando chegamos às epístolas — que ocupam a maior parte do Novo Testamento — não estamos lidando com a preparação ou o cumprimento, mas com a experiência. As cartas do Novo Testamento contêm os aspectos fundamentais da vida cristã. Elas nos dizem tudo o que implica conhecer o mistério de Cristo e da vida cristã.

Há profundezas e alturas em Jesus Cristo que nenhuma mente pode captar. Por meio destas cartas, escritas por vários apóstolos (embora a maioria tenha sido escrita por Paulo), o Espírito Santo nos mostra como descobrir e explorar as profundezas do conhecer e do seguir a Jesus Cristo.

As epístolas de Paulo se concentram em três temas. Romanos, 1 e 2 Coríntios e Gálatas tratam do tema "Cristo em vós". Embora a frase, "Cristo em vós, a esperança da glória" seja encontrada em Cl 1:27, é realmente o tema de Romanos a Gálatas, e é o princípio transformador da vida cristã. É isso que torna os cristãos diferentes de todos os outros seres humanos na Terra: Cristo vive em nós.

> **OBJETIVOS DO CAPÍTULO**
>
> Neste capítulo, apresentaremos uma visão geral das epístolas (ou cartas) do apóstolo Paulo, nas quais ele reúne todos os grandes temas teológicos e doutrinários do Antigo e do Novo Testamento e os aplica à vida cotidiana. As cartas de Paulo podem ser divididas em dois grandes temas retirados de Cl 1:27: "Cristo em vós, a esperança da glória". As primeiras quatro epístolas, de Romanos a Gálatas, se concentram em "Cristo em vós", o princípio transformador da vida cristã e o que significa ter Jesus vivendo em e através de nós. As últimas nove cartas, Efésios a Filemom, lidam com "vós em Cristo", ou seu relacionamento com outros cristãos.

Aventurando-se através da Bíblia

Efésios, Filipenses, Colossenses, 1 e 2 Tessalonicenses, 1 e 2 Timóteo, Tito e Filemom concentram-se todas no tema "vós em Cristo" — isto é, seu relacionamento com o restante do Corpo de Cristo. Aqui você tem um vislumbre da Igreja — o fato de que não mais vivemos nossa vida cristã como indivíduos. Pertencemos a uma comunidade de cristãos.

Hebreus, Tiago, 1 e 2 Pedro, 1, 2 e 3 João, e Judas concentram-se no tema "como andar pela fé".

Cristo em vós: *Romanos a Gálatas*

Começamos com o primeiro grupo — Romanos, 1 e 2 Coríntios e Gálatas os livros que se agrupam em torno do tema "Cristo em vós". Romanos vem primeiro não porque foi escrito primeiro (não o foi), mas porque é a grande carta de fundamento do Novo Testamento. Nesta epístola, você encontra a completa abrangência da salvação, do começo ao fim. Se quiser ver o que Deus está fazendo com você como indivíduo, e com a humanidade como um todo, então conheça o livro de Romanos.

Ao estudar esta carta, você descobrirá que ele desenvolve a salvação em três tempos: passado, presente e futuro. Passado: *fui salvo* quando cri em Jesus; presente: *estou sendo salvo* à medida que o caráter de Jesus Cristo se manifesta em minha vida; e futuro: *serei salvo* quando, por fim, na ressurreição, com um corpo glorificado, estarei na presença do Filho de Deus e entrarei na plenitude da vida eterna.

Estes três tempos da salvação podem ser reunidos em três palavras: justificação, santificação e glorificação. *Justificação* (passado), fui justificado quando cri em Jesus Cristo. A justificação é a posição de justiça diante de Deus que recebemos quando Jesus entra em nossa vida — o estado de estar sem mancha ou defeito, como se nunca tivéssemos pecado.

Santificação (presente), uma palavra muito mal compreendida. A santificação não é nada mais ou nada menos do que o processo de se tornar mais e mais semelhante a Cristo. Oswald Chambers explica desta forma:

> "O segredo mais maravilhoso de viver uma vida santa não consiste em imitar Jesus, mas em permitir que as qualidades perfeitas de Jesus se manifestem em mim. Santificação é "…Cristo em vós…" (Colossenses 1:27). É a Sua maravilhosa vida que me é concedida na santificação…

A santificação significa a implantação das qualidades santas de Jesus Cristo em mim. É a dádiva de Sua paciência, santidade, fé, pureza, amor e piedade exibida em e por meio de cada alma santificada. A santificação não é extrair de Jesus o poder de ser santo — é extrair de Jesus a própria

---

FOCO NAS EPÍSTOLAS DO NT

"Cristo em vós"
- Romanos
- 1 e 2 Coríntios
- Gálatas

"Vós em Cristo"
- Efésios, Filipenses, Colossenses
- 1 e 2 Tessalonicenses
- 1 e 2 Timóteo
- Tito
- Filemom

"Como caminhar pela fé"
- Hebreus
- Tiago
- 1 e 2 Pedro
- 1, 2 e 3 João
- Judas

santidade que foi revelada nele, e que agora se manifesta em mim." —Oswald Chambers, *Tudo para Ele* (Publicações Pão Diário, 2013)

A *glorificação* (futuro) é a conclusão de nossa transformação quando estivermos na presença de Cristo na eternidade.

A primeira carta aos Coríntios contrasta carnalidade e espiritualidade — viver de acordo com a vontade da carne *versus* viver segundo o Espírito. Primeiro, vamos considerar a carnalidade. Se você leu 1 Coríntios, sabe o que quero dizer. A Igreja de Corinto era uma bagunça! Havia pessoas divididas em facções, guerreando umas contra as outras, arrastando-se mutuamente aos tribunais, fofocando, arruinando os relacionamentos, e até mesmo ficando embriagadas na Ceia do Senhor! As formas mais vergonhosas de imoralidade desfilavam a plena vista na Igreja de Corinto. Paulo, em 1 Coríntios, mostra que a vida carnal é resultado do rompimento de nossa comunhão com Jesus Cristo. Comunhão com Cristo produz espiritualidade, para que possamos caminhar no poder da ressurreição.

A segunda carta aos Coríntios é a demonstração prática da vitória do cristão sob pressão. Esta é a grande carta de provações e triunfos. O tema da carta está declarado no capítulo 2:

Graças, porém, a Deus, que, em Cristo, sempre nos conduz em triunfo e, por meio de nós, manifesta em todo lugar a fragrância do seu conhecimento (2Co 2:14).

Quando Paulo escreve aos Gálatas, ele não mergulha sua pena em tinta, mas em um inflamado azul — então nos golpeia com ela para nos acordar e nos levar à ação. Esta é a epístola "mais inflamada" do Novo Testamento, porque Paulo está profundamente desgostoso com os cristãos da Galácia. Por quê? Porque eles se desviaram com muita facilidade da verdade que claramente compreenderam. Eles se deixaram influenciar por uma doutrina enfraquecida e debilitada que esgotou a força espiritual deles. O tema da carta é a liberdade em Cristo:

Para a liberdade foi que Cristo nos libertou. Permanecei, pois, firmes e não vos submetais, de novo, a jugo de escravidão (Gl 5:1).

Gálatas é a resposta para todo o legalismo morto que facilmente infecta a Igreja, até mesmo nos dias de hoje. A vida carnal traz culpa, condenação e fracasso. Mas o Espírito de Deus traz vida e liberdade. À medida que lemos Gálatas, percebemos o desejo de Paulo de ver cristãos libertos dos grilhões do legalismo para que possam experimentar a riqueza da vida cristã guiada pelo Espírito.

Todos esses livros, de Romanos a Gálatas, se reúnem em torno do tema "Cristo em vós" — o maior tema que a mente humana jamais contemplou. Essas cartas ilustram para nós o que significa ser filho do Deus vivo, o Criador do Universo, permitindo que Ele viva Sua vida ilimitada em nós e através de nós.

Vós em Cristo: *Efésios a Filemom*

A próxima seção das epístolas de Paulo nos dá um modelo para vivermos de modo digno de Deus. O tema abrangente desta seção é "vós em Cristo". Todo o propósito da revelação, o objetivo de toda a Bíblia, é o alvo expresso por Paulo em Efésios 4:

> *...com vistas ao aperfeiçoamento dos santos para o desempenho do seu serviço, para a edificação do corpo de Cristo, até que todos cheguemos à unidade da fé e do pleno conhecimento do Filho de Deus, à perfeita varonilidade, à medida da estatura da plenitude de Cristo* (Ef 4:12,13).

Deus quer cresçamos para nos tornarmos maduros em Cristo. Ele não está interessado na formação de capítulos da A.E.B. — Associação de Esquentadores de Banco. Ele quer homens e mulheres de ação, compromisso, ousadia e entusiasmo — um grupo de cristãos que se lançará de bom grado em uma batalha pelo Seu reino. Ele deseja homens e mulheres que não tenham medo de mudança, que estejam comprometidos com o crescimento dinâmico.

Infelizmente, muitos parecem achar que a música-tema do cristianismo é "Venha a bênção ou infortúnio, nossa condição é a mesma de antes". O *status quo* é a última coisa que Deus quer para nossa vida! É por isso que Ele nos deu as epístolas de Efésios a Filemom.

Este grupo de epístolas apresenta o tema "vós em Cristo", que ecoa o que o Senhor Jesus disse: "vós, em mim, e eu, em vós" (Jo 14:20). Quando falamos sobre Cristo em nós, estamos falando da vida interior, de andar no Espírito. Quando falamos sobre nós em Cristo, estamos falando do nosso relacionamento com o Corpo de Cristo — o fato de sermos membros de Seu corpo.

Não somos apenas cristãos individualmente; somos também cristãos corporativamente. Pertencemos uns aos outros, bem como a Cristo. Sozinhos, jamais alcançaremos o desenvolvimento pleno de nossa fé. Precisamos uns dos outros no Corpo de Cristo. As epístolas que contêm a seção "vós em Cristo" são como os livros na biblioteca de um médico:

O livro de fisiologia do Novo Testamento: a ciência e estudo do corpo humano — Efésios. Um estudo cuidadoso da natureza do Corpo de Cristo.

O livro de patologia do Novo Testamento: o tratamento de doenças do Corpo de Cristo — Filipenses. Nesta carta, Paulo faz uma abordagem prática dos problemas e doenças que ameaçam a saúde do corpo. À medida que lemos este livro, vemos que os males que afligiam a Igreja do primeiro século são os mesmos males que vemos na Igreja atual. Se você está incomodado com o desânimo, ou ferido por outro cristão, ou confuso com um novo ensino e se perguntando se ele vem de Deus, estude Filipenses.

O livro de biologia do Novo Testamento: o estudo daquilo que faz as células do corpo funcionar e viver — Colossenses. Aqui vemos o que dá poder e energia ao Corpo de Cristo e o que lhe dá vida. Descobrimos a força que mantém os cristãos unidos.

Os livros sobre boa saúde mental do Novo Testamento são as duas cartas aos Tessalonicenses. Esses livros nos mostram como tratar a depressão e a aflição dentro do Corpo de Cristo. Quando você (como os cristãos de Tessalônica) sente-se incomodado e pessimista com relação às suas circunstâncias atuais ou é atingido por pesar ou medo, recorra a Tessalonicenses. Essas epístolas olham para o futuro e estabelecem a certeza da segunda vinda de Cristo. A chave para 1 e 2 Tessalonicenses é encontrada em 1Ts 5:23.

> *O mesmo Deus da paz vos santifique em tudo; e o vosso espírito, alma e corpo sejam conservados íntegros e irrepreensíveis na vinda de nosso Senhor Jesus Cristo.*

Deus quer nos dar paz. Ele quer que sejamos íntegros e irrepreensíveis em todo nosso ser, não só no corpo e no espírito, mas na alma — a psique, o ser mental e emocional. Isso é a essência dessas duas cartas.

Nas duas cartas de Paulo a Timóteo, o jovem que o acompanhava em suas viagens, temos a analogia do Novo Testamento à neurologia — o estudo e a ciência do sistema nervoso. No Corpo de Cristo, encontram-se certas pessoas que foram especialmente dotadas por Deus para agir como os centros nervosos, caminhos e estimuladores do corpo, levando a mensagem do Cabeça ao corpo. Este dom especial é sugerido em Efésios 4, onde Paulo diz que Cristo deu apóstolos, profetas, evangelistas e pastores mestres à Igreja, a fim de edificar os cristãos para que possam realizar a obra do ministério.

Aqui está um daqueles dons à Igreja — um jovem chamado Timóteo. Paulo lhe fornece instruções especiais sobre como estimular, ativar e mobilizar o corpo, como instruir seus líderes e como investigar, incentivar, corrigir e repreender onde houver necessidade. A primeira carta é uma mensagem de instrução e encorajamento para um jovem pastor que ministra sob o fogo, enquanto a segunda oferece instrução especializada em vista da crescente apostasia e declínio.

Na epístola de Paulo a Tito, encontramos uma discussão semelhante sobre o funcionamento do corpo. No entanto, aqui, a ênfase não está tanto sobre o ministério do sistema nervoso do corpo como está sobre o próprio

EPÍSTOLAS DO NT COMPARADAS ÀS DISCIPLINAS MÉDICAS	
EFÉSIOS	Livro de fisiologia (estudo do corpo como um todo).
FILIPENSES	Livro de patologia (tratamento de doenças do corpo).
COLOSSENSES	Livro de biologia (estudo daquilo que faz o corpo funcionar e viver).
1 e 2 TESSALONICENSES	Livros de boa saúde mental (como tratar a depressão e aflição no corpo).
1 e 2 TIMÓTEO	Livros de neurologia (estudo do sistema nervoso do corpo e como ele funciona).
TITO	Livro de anatomia (estudo do tônus muscular e preparo físico do corpo).
FILEMOM	Livro de nutrição (quais nutrientes são necessários para um corpo saudável).

corpo, sobre o tônus muscular e o preparo físico do corpo. Você pode pensar que Tito seja um livro sobre condicionamento e preparo físico. Ele mostra que tipo de treinamento disciplinado o corpo deve ser submetido regularmente a fim de mantê-lo pronto para a luta. Vemos essa ênfase sobre a disciplina na passagem principal do livro:

> ...*educando-nos para que, renegadas a impiedade e as paixões mundanas, vivamos, no presente século, sensata, justa e piedosamente, aguardando a bendita esperança e a manifestação da glória do nosso grande Deus e Salvador Cristo Jesus* (Tt 2:12,13).

A carta de conclusão de Paulo, Filemom, é como o livro de um médico sobre boa nutrição. O Corpo de Cristo precisa de boa nutrição para viver, e os nutrientes que encontramos nas epístolas de Paulo — especialmente na carta de Paulo a Filemom — são amor, a graça, aceitação e perdão. Sem esses nutrientes, o Corpo de Cristo esmaece e morre.

Filemom, um dos livros mais curtos da Bíblia, enfatiza a unidade do corpo. Trata-se de um escravo, Onésimo, que fugiu de Filemom, seu dono. Paulo diz: "...solicito-te em favor de meu filho Onésimo, que gerei entre algemas" (v.10). Onésimo é o "filho" espiritual de Paulo, porque este apóstolo o levou a Cristo.

Agora Paulo envia Onésimo de volta a Filemom, tentando fazê-lo aceitar Onésimo de volta — não como escravo, mas como um amado irmão em Cristo. Nesta epístola, mais que em qualquer outra, vemos que o chão está nivelado ao pé da cruz; todas as distinções entre cristãos desaparecem no Corpo de Cristo. Como disse Jesus: "...um só é vosso Mestre, e vós todos sois irmãos" (Mt 23:8).

Isso é o que significa estar em Cristo e ter Cristo em nós. Agora, vamos abrir essas epístolas e começar a construir suas ricas e poderosas verdades em nossa vida.

ROMANOS

CAPÍTULO 2

A chave-mestra para as Escrituras

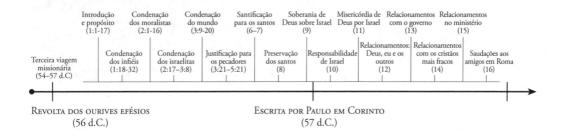

Conheço uma igreja em Great Falls, Montana, que, certa vez, foi considerada a igreja mais liberal da cidade. Aconteceu que o pastor estava em Chicago um fim de semana, e decidiu visitar a Igreja Moody para ver o que os fundamentalistas estavam dizendo. Ele estava procurando, para ser franco, algo que pudesse criticar. Lá ele ouviu o Dr. Harry A. Ironside ensinar o livro de Romanos — e aquele pastor liberal percebeu seu coração ser gradualmente desafiado e foi convencido pela mensagem.

Após o culto, ele foi à frente e conversou com o Dr. Ironside, que lhe deu uma cópia de suas palestras sobre Romanos. O pastor leu as palestras no trem de volta para Montana. Antes de chegar a Great Falls, ele era um homem transformado. No domingo seguinte, foi ao púlpito e começou a proclamar as verdades do livro de Romanos — como resultado, a Igreja foi transformada. Com meus próprios olhos, vi esta Igreja deixar de ser um mausoléu de teologia morta e liberal e se tornar uma poderosa e intensa testemunha evangélica — e tudo dentro do espaço de poucos anos. Aquela Igreja foi transformada pelo poder da mensagem da carta de Romanos.

Paulo escreveu esta carta aos cristãos em Roma, enquanto passava alguns meses em Corinto. Logo após escrever a epístola aos Romanos, ele foi a Jerusalém levando o dinheiro arrecadado pela as igrejas da Ásia para os cristãos necessitados. Não sabemos como a Igreja em Roma foi fundada, embora possa ter sido iniciada por cristãos que se converteram no Pentecostes e voltaram para a capital imperial. Paulo estava escrevendo aos romanos porque havia ouvido falar da fé que manifestavam, e desejava que estivessem solidamente fundamentados na verdade.

Esta carta constitui uma magnífica explicação de toda a mensagem do cristianismo e

> **OBJETIVOS DO CAPÍTULO**
>
> A carta de Romanos desvenda todos os grandes temas do Antigo e do Novo Testamento, fornecendo uma visão panorâmica do plano de Deus para a nossa redenção. O objetivo deste capítulo é mostrar como os capítulos doutrinários, os capítulos históricos e a parte final de aplicação prática se harmonizam para dar ao cristão um entendimento completo e profundo das grandes verdades da fé cristã.

Aventurando-se através da Bíblia   15

fornece um panorama do plano de Deus para a redenção da humanidade. De alguma forma, ela contém quase todas as doutrinas cristãs — e é por isso que chamo a carta de Romanos de "a chave mestra para as Escrituras". Se você compreender essa epístola em sua totalidade, se sentirá à vontade em qualquer outra parte das Escrituras.

Um esboço de Romanos

Na introdução da carta, contida nos primeiros dezessete versículos, Paulo escreve sobre Cristo, os cristãos romanos e ele próprio. Como em toda boa introdução, ele declara os principais temas que abordará, e a própria carta está dividida em três grandes partes:

Capítulos 1 a 8: Explicações doutrinárias do que Deus está fazendo por meio da raça humana e a redenção de todo o nosso ser — corpo, alma e espírito.

Capítulos 9 a 11: Ilustração de Paulo dos princípios dos primeiros oito capítulos, como demonstrados na vida e na história da nação de Israel.

Capítulos 12 a 16: Aplicação prática destas poderosas verdades para todas as situações cotidianas dos seres humanos.

Estas três divisões surgem naturalmente uma das outras, e, juntas, cobrem toda a vida.

O poder do evangelho

Esta carta é tão logicamente desenvolvida que a melhor maneira de compreendê-la é seguir o fluxo do argumento de Paulo sem se deter nos detalhes. Para começar, no capítulo 1, temos a afirmação central dessa epístola: o poder do evangelho de Jesus Cristo.

Pois não me envergonho do evangelho, porque é o poder de Deus para a salvação de todo aquele que crê, primeiro do judeu e também do grego (1:16).

O LIVRO DE ROMANOS

A justiça de Deus revelada (Romanos 1–8)

    Introdução 1:1-17

    O problema: nossa culpa diante de Deus..1:18–3:20

        A. A culpa dos gentios 1:18-32

        B. A culpa dos judeus 2:1–3:8

        C. Conclusão, todos são culpados.. 3:9-20

    Justificação: realizada por meio da justiça de Deus 3:21–5:21

    Santificação: A justiça de Deus demonstrada em nossa vida 6–8

Lições sobre a justiça de Deus na nação de Israel (Romanos 9–11)

    O passado de Israel: Escolhido pelo Deus soberano................................. 9:1-29

    O presente de Israel: Israel busca a "justiça" das obras,
    rejeita a justiça de Cristo 9:30–10:21

    O futuro de Israel: No final, a nação de Israel
    será restaurada por Deus 11

Os aspectos fundamentais da justiça: Aplicação prática dos princípios de Romanos (Romanos 12–16)

    Deveres e responsabilidades dos cristãos.....................................12–13

    Princípios da liberdade cristã...14:1–15:13

    Conclusão, bênção e saudações pessoais...........................15:14–16:27

O evangelho de Jesus Cristo é poder — o dinâmico poder de Deus para salvar todos os que creem. Quem poderia ter vergonha de possuir o poder infinito de Deus, a maior força no Universo? O evangelho de Jesus Cristo pode transformar vidas, curar relacionamentos e resgatar pessoas de vícios, depressão, desespero e aflição. Esse é o poder de Deus em ação. Esse é o evangelho de Jesus Cristo.

Em seguida, Paulo explica o poder do evangelho, citando o livro de Habacuque, do Antigo Testamento, enquanto apresenta seu tema central: A justiça de Deus é revelada no evangelho. Ele escreve:

...visto que a justiça de Deus se revela no evangelho, de fé em fé, como está escrito: O justo viverá por fé (1:17).

Este é o versículo que inflamou o coração de Martinho Lutero, dando início à Reforma Protestante.

A ira de Deus é revelada

No restante do capítulo 1 e adentrando aos capítulos 2 e 3, Paulo olha para o mundo ao seu redor e analisa o estado do homem observando as duas aparentes divisões da humanidade: os justos e os injustos.

Alguém disse apropriadamente: "Há apenas duas classes de pessoas, as justas e as injustas, e a classificação é sempre feita pelas justas". Tenho visto a verdade dessa declaração no meu próprio quintal.

Um dia, quando meus filhos eram pequenos, fui ao quintal e descobri que alguém tinha feito uma linha com giz branco no centro de um painel na cerca do quintal. Um lado da cerca indicava "pessoas boas" e do outro lado "pessoas más". Sob o título "pessoas más" foram listados os nomes das crianças da vizinhança. Sob o título "pessoas boas" estavam os nomes dos meus filhos. Estava óbvio quem tinha feito aquelas classificações: Os justos, é claro!

O apóstolo Paulo começa com as "pessoas más":

A ira de Deus se revela do céu contra toda impiedade e perversão dos homens que detêm a verdade pela injustiça (1:18).

O problema com as pessoas é que elas têm a verdade, mas se recusam a olhar para ela ou viver por ela. Em vez disso, elas a suprimem. Se quisermos alguma prova, só temos que olhar honestamente para nossa própria vida. Não é verdade que, se houver uma verdade desagradável ou indesejada nos confrontando, o nosso primeiro impulso é nos defender, atacar a verdade e até mesmo atacar a pessoa que nos confronta com ela? A negação e a supressão da verdade são os problemas mais vexatórios da existência humana.

Apóstolo Paulo por Bartolomeo Montagna

Devido à supressão da verdade do Senhor, a ira de Deus está sendo continuamente derramada sobre a humanidade. Sua ira é descrita para nós à medida que este capítulo se desenvolve. O resultado não é um raio do céu arremessado contra pessoas más. Pelo contrário, Deus diz a todos nós: "Eu amo você, e porque eu o amo, não quero que faça coisas que trarão prejuízos a você e aos outros. Mas eu também lhe dei o livre-arbítrio, de modo que não vou controlar suas escolhas. Se insistir em se machucar, não vou impedi-lo, mas você terá que arcar com as consequências".

Três vezes neste capítulo, vemos como a ira de Deus age enquanto Paulo repete a frase "Deus os entregou". Paulo escreve sobre os maus:

> ...cheios de toda injustiça, malícia, avareza e maldade; possuídos de inveja, homicídio, contenda, dolo e malignidade; sendo difamadores, caluniadores, aborrecidos de Deus, insolentes, soberbos, presunçosos, inventores de males, desobedientes aos pais, insensatos, pérfidos, sem afeição natural e sem misericórdia (1:29-31).

Aqui, Paulo descreve aqueles que, de forma incontestável e rebelde, desobedecem a Deus. O resultado é decadência moral e a perversão do curso natural da vida. Mesmo os impulsos sexuais tornam-se pervertidos, Paulo ressalta, de modo que os homens se entregam a homens e as mulheres a mulheres. Vemos a verdade das palavras de Paulo demonstradas em nossa sociedade hoje, na forma de rebelião moral aberta e perversão sexual desenfreada. Deus não odeia as pessoas que fazem tais coisas; Ele as ama — mas não vai privá-las de seu livre-arbítrio ou das consequências de suas ações.

No capítulo 2, o apóstolo se volta para as "pessoas boas", as chamadas pessoas morais e religiosas. Elas encontram satisfação em apontar o dedo para as "pessoas más" — porém, Paulo lhes diz: "Espere um minuto! Vocês chamados de 'pessoas boas' não vão escapar da punição facilmente". Ele escreve:

> *Portanto, és indesculpável, ó homem, quando julgas, quem quer que sejas; porque, no que julgas a outro, a ti mesmo te condenas; pois praticas as próprias coisas que condenas* (2:1).

Você vê o que Paulo está fazendo? Ele está lançando uma rede que prende a todos nós — até mesmo a mim e a você! Podemos não nos entregar à imoralidade sexual ou à rebelião, mas no fim, somos forçados a admitir que somos tão culpados quanto qualquer outra pessoa. Ninguém é justo.

Aqueles que apontam o dedo para o homossexual ou o dependente químico devem enfrentar a verdade sobre si mesmos: Os pecados das chamadas "pessoas boas" são muitos, e incluem atos de ódio, malícia, fofoca, calúnia e fraude, dentre outros. Então, Paulo segura um espelho para cada um de nós — e a imagem que vemos não é agradável. Deus julgou todos igualmente culpados, e afastados de Sua própria justiça.

Em seguida, um judeu entra em cena e diz: "E eu? Afinal, sou judeu, um dos escolhidos de Deus, e tenho certas vantagens diante do Senhor". Paulo examina esta reivindicação e mostra que o judeu está exatamente no mesmo barco que todos os outros. Apesar de serem descendentes de Abraão e Jacó, os judeus não são melhores do que os gentios. Portanto Paulo conclui que toda a humanidade tem necessidade de um Redentor.

Este diagnóstico da condição humana prepara o caminho para o evangelho, como Paulo escreve:

> *Ora, sabemos que tudo o que a lei diz, aos que vivem na lei o diz para que se cale toda boca, e todo o mundo seja culpável perante Deus, visto que ninguém será justificado diante dele por obras da lei, em razão de que pela lei vem o pleno conhecimento do pecado* (3:19,20).

A Lei de Deus nos condenou a todos, sem exceção porque, como Romanos 3:23 nos diz: "...pois todos pecaram e carecem da glória de Deus". A paráfrase J. B. Phillips deste versículo diz: "Todos pecaram e perderam a beleza do plano de Deus". Estamos condenados de acordo com a Lei de Deus, mas a graça de Deus está pronta para nos resgatar e redimir.

Vemos esta redenção ganhar forma em Romanos 4. Na verdade, Paulo nos descreve as três fases da redenção: justificação, santificação e glorificação.

Três fases da redenção

Começando nos versículos finais de Romanos 3 e continuando em Romanos 4, Paulo ilustra o significado de justificação. Ele começa nos mostrando que justificação significa que Deus nos dá uma posição justa diante dele com base na obra de Cristo. Outra pessoa morreu em nosso lugar. Outra pessoa supriu nossa necessidade. Nunca poderíamos fazer isso por nós mesmos, pois somos incapazes de agradar a Deus com nossa desprezível justiça. Não podemos conquistar a retidão; podemos apenas aceitar a dádiva da retidão de Deus por meio da fé em Jesus Cristo. Isso é justificação.

Quando Deus nos justifica, Ele justifica toda a nossa humanidade — corpo, alma e espírito. Ele começa com o espírito, a parte mais íntima do nosso ser. Ali, implanta Seu Espírito Santo. O Espírito sela nossa condição de justos diante de Deus. É por isso que a justificação é permanente e imutável.

A justificação é muito mais do que o perdão do pecado, ainda que inclua o perdão. É — e isso é realmente incrível — a condição de estar diante de Deus como se nunca tivéssemos pecado. É a retidão de Cristo imputada a nós. Quando isso acontece, somos libertos da punição do pecado.

Paulo ilustra esta verdade no capítulo 4, onde ele diz que tanto Abraão quanto Davi foram justificados com base no dom gratuito da graça de Deus, aceito pela fé — não por causa da circuncisão ou obediência à Lei ou com base em qualquer das coisas que as pessoas fazem para agradar a Deus. Nenhum "abracadabra" religioso, nenhum esforço para obedecer a um padrão moral inatingível seria apropriado aos olhos de Deus. Somente a graça de Deus, que flui da cruz, é adequada.

Abraão olhou adiante e viu a vinda do Messias (Cristo) e creu em Deus; como resultado, ele foi justificado por sua fé. Davi, embora fosse culpado dos pecados de adultério e assassinato, creu em Deus e foi justificado para que pudesse cantar sobre a pessoa "a quem o Senhor não atribui iniquidade". Portanto, estes homens são exemplos do Antigo Testamento de como Deus justifica.

Infelizmente, muitos cristãos param aí. Eles pensam que a salvação não é nada senão uma maneira de escapar do inferno e ir para o céu. Porém, existe mais para a vida humana do que o espírito e mais para a vida cristã do que a salvação do espírito. Somos constituídos também de alma e corpo — e a alma e o corpo devem ser também libertos.

Começando no capítulo 5, Paulo estabelece o plano de Deus para libertar a alma (isto é, a mente, as emoções e a vontade). A alma da humanidade, nascida de Adão, está sob o domínio do pecado. A carne (para usar o termo bíblico) nos controla. A vida de Adão nos possui, com todas as suas características egocêntricas. Apesar de nosso espírito ter sido justificado, é possível continuar a vida com a alma ainda sob a escravidão e o domínio do pecado.

Assim, embora nosso destino esteja estabelecido em Cristo, nossa experiência ainda está sob o controle do mal. É por isso que muitas vezes experimentamos altos e baixos com o Senhor — às vezes, olhamos para Ele como nosso Salvador, vivemos para Ele como nosso Senhor, enquanto outras vezes, retornamos à terrível escravidão do pecado.

Qual é a solução de Deus para esta existência tipo ioiô na qual nos encontramos? A santificação.

A palavra santificar significa "dedicar a Deus" ou "separar para Deus". Vem da mesma raiz que a palavra *santo* — porque um santo não é mais nem menos do que uma pessoa que é separada para Deus. Todos os cristãos genuínos, todos os seguidores comprometidos de Cristo, são santos, santificados e separados para o Seu serviço. Deus quer nos ver não apenas salvos, mas libertos — livres do domínio do pecado em nossa vida.

Paulo descreve o processo de santificação em Romanos 5. Ele toma as duas divisões básicas da humanidade — o ser natural em Adão e o ser espiritual em Cristo — e os contrasta lado a lado. Escreve: "...porque, se, pela ofensa de um só, morreram muitos, muito mais a graça de Deus e o dom pela graça de um só homem, Jesus Cristo, foram abundantes sobre muitos" (5:15).

Em outras palavras, Paulo está dizendo: "Quando você estava em Adão, antes de se tornar cristão, você agia com base na vida que herdou de Adão. Pecado e morte são a herança natural que recebeu de seu pai, Adão. Mas agora, como cristão, você não está mais unido a Adão; está unido ao Cristo ressuscitado e sua vida está ligada com a dele".

À medida que você cresce em santidade, torna-se mais fácil e mais natural viver de maneira dedicada a Cristo, assim como era anteriormente mais fácil e mais natural viver de acordo com o princípio do pecado e morte em Adão. Ao longo do tempo, descobre que onde o pecado teve poder sobre você, Cristo assume cada vez mais o controle de sua vida. Você perde o desejo de pecar; seu novo desejo é tornar-se cada vez menos como Adão e cada vez mais como Cristo.

Romanos 6 revela como podemos experimentar vitória e santificação em nosso cotidiano. Aqui, Paulo declara que Deus, mediante a morte de Jesus, não só morreu por

TRÊS FASES DA REDENÇÃO	
Justificação	Espírito
Santificação	Alma
Glorificação	Corpo

nós, mas que nós também morremos com Ele. Sua morte por nós produz nossa justificação; nossa morte com Ele produz nossa santificação. Essa é uma verdade poderosa.

Quando Deus diz que nos libertou da vida de Adão e nos uniu à vida de Cristo, Ele realmente o fez! Nós nem sempre nos sentimos unidos a Ele, porque os sentimentos são volúveis e muitas vezes enganosos. Os sentimentos podem ser influenciados por muitos fatores — circunstâncias, desequilíbrios hormonais, níveis de açúcar no sangue, medicamentos, depressão clínica ou até mesmo o clima. Os sentimentos mudam, mas nosso relacionamento com Jesus não se altera com o nosso humor. Quando Deus promete soldar nossa vida à Sua, ela permanece soldada, e devemos crer na promessa de Deus, quaisquer que sejam os nossos sentimentos.

Deus nos capacita a viver de maneira piedosa em Cristo, em contraste com a vida ímpia que experimentamos em Adão. Dia a dia, à medida que você experimenta pressão e tentação, lembre-se de que o que Deus diz é verdade e aja de acordo com ela, independentemente de você senti-la ou não. Um pensamento lhe virá no sentido de que, se viver de maneira santa, você estará perdendo, vai estar em desacordo com o mundo ao seu redor, e não terá satisfação na vida. Estas são as mentiras da carne. Em vez disso, confie na verdade do Espírito que vem de Deus.

Quando pressões e tentações vierem, em quem você acreditará? Naquele que o ama? Naquele que se entregou por você? Se você crer nele, Ele provará que Sua Palavra é verdadeira em sua vida, e Ele o conduzirá em segurança a um lugar de liberdade e libertação.

Romanos 7 apresenta a questão de nossa luta interior, a guerra que se passa entre a nossa velha natureza adâmica — a carne — e a nossa nova natureza em Cristo — o espírito. É uma luta que, ao longo da vida, todos os cristãos desejam que desapareça. Paulo escreve:

Porque nem mesmo compreendo o meu próprio modo de agir, pois não faço o que prefiro, e sim o que detesto. Ora, se faço o que não quero, consinto com a lei, que é boa [...]. Desventurado homem que sou! Quem me livrará do corpo desta morte? (7:15,16,24).

Pode-se ouvir a angústia da alma de Paulo enquanto ele descreve este conflito interior. O problema é que tentamos "ser bons" em nossa própria força — a força da carne. Mas a carne é fraca e ineficaz contra a tentação. A carne é o Adão em nós. O melhor que a carne pode fazer ainda é irremediavelmente pecaminoso aos olhos de Deus. Então, qual é a solução? Paulo escreve:

Graças a Deus por Jesus Cristo, nosso Senhor. De maneira que eu, de mim mesmo, com a mente, sou escravo da lei de Deus, mas, segundo a carne, da lei do pecado. Agora, pois, já nenhuma condenação há para os que estão em Cristo Jesus. Porque a lei do Espírito da vida, em Cristo Jesus, te livrou da lei do pecado e da morte. Porquanto o que fora impossível à lei, no que estava enferma pela carne, isso fez Deus enviando o seu próprio Filho em semelhança de carne pecaminosa e no tocante ao pecado; e, com efeito, condenou Deus, na carne, o pecado (7:25—8:3).

Não há nada que possamos fazer por Deus, mas Ele tem a intenção de fazer tudo através de nós. Quando, finalmente, chegamos a perceber isso, experimentamos libertação. Neste momento começamos a perceber o que significa ter nossa mente, emoção e vontade submissas ao controle de Jesus Cristo e experimentamos o poder triunfante que Ele disponibilizou para nós. Esse é o processo (é realmente um processo, não um ato instantâneo) de santificação da alma.

Olhamos a justificação do espírito e a santificação da alma. Mas o que acontece com o corpo? Romanos 8 nos dá a resposta. Aqui, Paulo nos mostra que, enquanto ainda estamos nesta vida, o corpo permanece não redimido. Porém, o fato de o espírito ter sido justificado e a alma santificada é uma garantia de que Deus um dia irá *redimir e glorificar o corpo* também. Quando finalmente entrarmos na presença de Cristo, estaremos em um estado perfeito, no corpo, alma e espírito diante dele. Este pensamento jubiloso irrompe em um hino de louvor no final do capítulo:

> *Em todas estas coisas, porém, somos mais que vencedores, por meio daquele que nos amou. Porque eu estou bem certo de que nem a morte, nem a vida, nem os anjos, nem os principados, nem as coisas do presente, nem do porvir, nem os poderes, nem a altura, nem a profundidade, nem qualquer outra criatura poderá separar-nos do amor de Deus, que está em Cristo Jesus, nosso Senhor* (8:37-39).

A soberania de Deus e a liberdade humana

Nos capítulos 9 a 11, Paulo responde as perguntas que naturalmente surgem a partir de uma análise cuidadosa de seu argumento nos oito primeiros capítulos. Em Romanos 9, Paulo aborda a questão da soberania de Deus, incluindo o paradoxo de que os seres humanos têm o livre-arbítrio, ao mesmo tempo em que Deus em Sua soberania nos escolhe — a questão da eleição e predestinação.

Temos a tendência de pensar que Deus é injusto se Ele não escolher salvar todas as pessoas, mas o fato é que toda nossa raça está perdida em Adão. Nenhum de nós tem o direito de ser salvo, ou de questionar as escolhas de Deus... absolutamente nenhum direito. É apenas a graça de Deus que nos salva, e não temos o direito de reclamar a Deus que apenas alguns são salvos enquanto outros estão perdidos.

Em Romanos 10, Paulo relaciona a soberania de Deus com a responsabilidade moral e a liberdade do homem. Deus escolhe, mas nós também — o grande paradoxo espiritual do livre-arbítrio e da predestinação é que, embora Deus nos tenha escolhido, nós também o escolhemos. Todas as pessoas têm o mesmo livre-arbítrio, que opera em harmonia com a soberania e a predestinação de Deus de alguma forma misteriosa que está além do nosso entendimento. Como Paulo observa:

> *Mas a justiça decorrente da fé assim diz: Não perguntes em teu coração: Quem subirá ao céu?, isto é, para trazer do alto a Cristo; ou: Quem descerá ao abismo?, isto é, para levantar Cristo dentre os mortos. Porém que se diz? A palavra está perto de ti, na tua boca e no teu coração; isto é, a palavra da fé que pregamos. Se, com a tua boca, confessares Jesus como Senhor e, em teu coração, creres que Deus o ressuscitou dentre*

Coliseu de Roma

os mortos, serás salvo. Porque com o coração se crê para justiça e com a boca se confessa a respeito da salvação (10:6-10).

Você não precisa subir ao céu para trazer Cristo ou descer à sepultura para trazê-lo dos mortos — isso é o que você teria que fazer para ser salvo por seus próprios esforços. Isso não pode ser feito. A palavra que Jesus é o Senhor já está em sua boca; somente creia em seu coração que Deus o ressuscitou dentre os mortos e você será salvo.

Em Romanos 11, Paulo nos mostra que, da mesma forma que Deus separou Israel por um tempo a fim de que a graça pudesse agir entre os gentios, Ele separou completamente a carne, a natureza caída, para que pudéssemos aprender o que Deus fará por nós e através de nós. Quando livremente admitirmos que sem Cristo não podemos fazer nada e vivermos de acordo com essa verdade, totalmente dependentes dele — então, descobriremos que podemos fazer todas as coisas por meio daquele que nos fortalece (veja Fp 4:13).

Portanto, o orgulho é a nossa maior tentação e nosso mais cruel inimigo. Algum dia, mesmo a nossa carne servirá a Deus por causa de Sua graça — nossa carne glorificada. No dia em que a criação for liberta da escravidão do pecado e o povo de Deus se apresentar em corpos ressuscitados, então, até mesmo o que uma vez foi rejeitado e amaldiçoado deverá demonstrará o poder e a sabedoria de Deus.

Um sacrifício vivo

A parte final de Romanos, capítulos 12 a 16, começa com estas palavras:

Rogo-vos, pois, irmãos, pelas misericórdias de Deus, que apresenteis o vosso corpo por sacrifício vivo, santo e agradável a Deus, que é o vosso culto racional (12.1).

A coisa espiritual mais razoável, inteligente, pensada, proposital, que você pode fazer com sua vida, diante de todas as grandes verdades que Paulo declarou, é entregar-se a Deus e viver para Ele. Nada mais pode satisfazê-lo. Portanto, se entregue a Ele como sacrifício vivo. É a única coisa razoável a se fazer!

Como podemos fazê-lo? De que maneira podemos oferecer nosso corpo como sacrifício vivo a Deus? O restante do livro de Romanos é sobre a aplicação prática dessas verdades em nossa vida diária.

Como vemos em Rm 12:9-21, estes princípios vão também transformar a maneira como demonstramos nosso amor às outras pessoas, mesmo aos nossos inimigos. Em Rm 13:1-7, descobrimos que estes princípios transformarão o nosso relacionamento com os governantes e a sociedade em geral. Em 13:8-14, vemos que eles transformarão nosso caráter e comportamento, de modo que vamos nos vestir com a semelhança de Cristo em vez de satisfazer a natureza pecaminosa.

Até mesmo nossas atitudes interiores serão diferentes, como Paulo nos diz em Romanos 14 e 15. Vamos nos tornar mais tolerantes com aqueles que discordam de nós e que têm valores diferentes dos nossos. Aceitaremos mais e perdoaremos mais — e teremos mais paixão por alcançar os perdidos com as boas-novas de Jesus Cristo.

Para encerrar este breve estudo de Romanos, permita-me deixar-lhe esta reflexão sobre Romanos escrita por Martinho Lutero, em 1522: "Esta Epístola é realmente a parte principal do Novo Testamento e o mais puro evangelho, sendo digna não apenas de que todo cristão a conheça, de coração, palavra por palavra, mas que se ocupem diariamente com ela, como o puro pão diário para a alma. Seu conteúdo jamais pode ser esgotado, e quanto mais nos dedicamos ao seu estudo, mais preciosa se torna, e mais saborosa fica".

PERGUNTAS PARA DISCUSSÃO

ROMANOS
A chave-mestra para as Escrituras

1. Romanos 1:16 é a afirmação central desta carta de Paulo: "Pois não me envergonho do evangelho, porque é o poder de Deus para a salvação de todo aquele que crê, primeiro do judeu e também do grego". Por que Paulo sente que precisa dizer que "não se vergonha" do evangelho? Por que ele declararia seus sentimentos dessa forma em vez de dizer incisivamente "Tenho orgulho do evangelho"? (Veja 1Co 1:18-25).

2. Leia Rm 1:16,17. Paulo diz que o poder do evangelho é tanto universal quanto limitado em seu âmbito. É universal visto que o poder da salvação de Deus está disponível para judeus e gentios (não-judeus), de modo que ninguém está excluído por motivo de raça ou etnia. Mas o poder do evangelho é limitado na medida, pois é apenas para "todo aquele que crê", o que significa que aqueles que não creem estão excluídos. Pelo poder do evangelho, podemos obter "uma justiça que é pela fé".

   Que justiça é essa sobre a qual Paulo fala? Como podemos obtê-la? O que Paulo quer dizer quando afirma que essa justiça é "de Deus" e que é "pela fé do começo ao fim"? Paulo cita o livro de Habacuque, do Antigo Testamento: "O justo viverá pela sua fé". A salvação foi oferecida na mesma base, tanto no Antigo Testamento quanto no Novo Testamento, ou em uma base diferente? Se as pessoas nos tempos do Novo Testamento são salvas pela fé, como eram salvas as pessoas no Antigo Testamento?

3. Em Rm 1:18-32, Paulo acusa a raça humana por seu pecado, lembrando-nos de que "a ira de Deus se revela do céu contra toda impiedade e perversão dos homens que detêm a verdade pela injustiça". Em 2:1-16, Paulo nos diz que o juízo de Deus sobre a raça humana pecaminosa é justo, e que somos indesculpáveis. Por que Paulo nos diz que quando julgamos os outros, na verdade, estamos condenando a nós mesmos? Isso significa que nunca deveríamos confrontar de forma amável um irmão que caiu em pecado, nunca nos sentar em um júri, nunca criticar um ladrão, alguém que vê pornografia ou um político corrupto? O que Paulo quer dizer quando nos adverte a não "julgarmos" os outros?

4. Leia Rm 7:15-24. Aqui, Paulo apresenta a questão da luta interior entre a velha natureza adâmica e a nova natureza em Cristo, entre a carne e o espírito. Por que nessa vida não

conseguimos chegar a um ponto em que possamos escapar dessa luta? Como podemos vencer essa luta? Qual é a solução de Deus para essa luta de toda a vida entre a carne e o espírito?

Leia Rm 8:37-39. Como Deus nos torna mais que vencedores (literalmente, no grego original "supervencedores") através de Cristo?

5. Em Rm 12:1, Paulo escreve: "Rogo-vos, pois, irmãos, pelas misericórdias de Deus, que apresenteis o vosso corpo por sacrifício vivo, santo e agradável a Deus, que é o vosso culto racional". Em outras palavras, adoração não é algo que fazemos na igreja no domingo de manhã. Adoração é o modo como vivemos sete dias por semana. Como fazemos isso? Como podemos nos oferecer como um sacrifício vivo a Deus todos os dias? Como podemos adorá-lo com nosso estilo de vida?

6. Em Rm 13:1-7, Paulo nos diz que devemos nos submeter ao governo, porque não há governo, exceto aquele que Deus estabeleceu. Devemos pagar nossos impostos e respeitar as autoridades. Surpreendentemente, Paulo e seus leitores viviam sob o governo romano, que era opressivo e pagão! Isso quer dizer que jamais podemos nos opor às políticas do nosso governo? Ou que nunca deveríamos protestar contra a injustiça do governo? Ou que não deveríamos pedir a nossos líderes para baixar os impostos, acabar com uma guerra injusta, ou abolir o aborto? É possível submeter-se ao governo de uma maneira piedosa e ainda se opor às ações governamentais? Explique sua resposta.

APLICAÇÃO PESSOAL

7. Leia Rm 12:9-21. Você já foi maltratado por alguém em sua família, em seu local de trabalho ou na igreja? É difícil para você "bendizer os que vos perseguem" e não os amaldiçoar? É uma luta "dar lugar à ira"? Que medidas podem ser tomadas esta semana para "vencer o mal com o bem"?

8. Leia Rm 13:8-10. Há pecados ocultos e tentações contra as quais você luta frequentemente? Paulo diz que todos os mandamentos de Deus "nesta palavra se resumem: Amarás o teu próximo como a ti mesmo. O amor não pratica o mal contra o próximo; de sorte que o cumprimento da lei é o amor". Você acha que esta simples formulação pode ajudá-lo em sua luta contra o pecado? Suponhamos que, em vez de dizer para si mesmo: "Tenho que parar de cobiçar, tenho que parar de invejar, tenho que parar de odiar", você dissesse: "Senhor, ajuda-me a viver o Seu amor e demonstrá-lo às pessoas ao meu redor". Você acha que centrar-se em viver o amor de Deus pode ajudar a dar-lhe poder sobre a tentação e o pecado? Por quê?

9. Paulo escreve: "...acolhei-vos uns aos outros, como também Cristo nos acolheu para a glória de Deus" (15:7). Como acolher uns aos outros traz louvor a Deus? Existe alguém em sua vida a quem Deus o está desafiando a acolher, perdoar e se reconciliar? Que medidas podem ser tomadas esta semana para curar esse relacionamento, a fim de trazer louvor a Deus?

Observação: Para uma pesquisa mais aprofundada da epístola aos Romanos, leia *Reason to Rejoice: Love, Grace, and Forgiveness in Paul's Letter to the Romans* (Razão para se alegrar: Amor, graça e perdão na carta de Paulo aos romanos), escrito por Ray C. Stedman (Discovery House Publishers, 2004).

1 CORÍNTIOS

CAPÍTULO 3

A epístola para o século 21

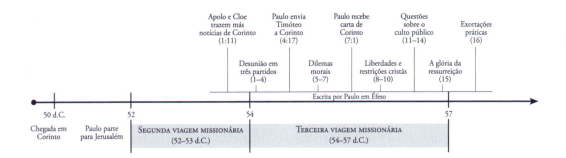

Nossa cultura é voltada ao sensualismo e ao prazer. Nada é muito extremo, nada é censurado, nada é proibido. É também uma sociedade orientada pela informação, devotada a uma transmissão rápida e a uma infindável análise de acontecimentos, ideias e filosofias. Vivemos em uma era pós-moderna e pós-cristã — de sensualidade escancarada em nossa mídia de entretenimento, prostituição descontrolada e pornografia disseminada.

A primeira epístola de Paulo aos Coríntios capta os problemas e tentações que enfrentamos como cristãos em nossa própria cultura. De todas as cidades citadas no Novo Testamento, Corinto se assemelha muito à cultura ocidental da contemporaneidade.

Esta era uma cidade "resort", a Meca da sensualidade e da busca do prazer mundano no primeiro século. Localizada na península do Peloponeso, era uma bela cidade com palmeiras e edifícios magníficos. Ela também atraiu grandes pensadores e oradores da Grécia, que se reuniam nos fóruns públicos e falavam sem parar sobre ideias e questões — de política a filosofia, de economia a metafísica.

Corinto também era devotada à adoração da deusa do sexo. Na cidade, havia um templo dedicado à deusa grega do amor, Afrodite. Como parte do culto a Afrodite havia certas cerimônias religiosas que envolviam atividade sexual. As quase 10 mil sacerdotisas que serviam no templo eram, na verdade, prostitutas. A cidade era abertamente dada às formas mais depravadas de atividade sexual. O erotismo desenfreado não era apenas tolerado, mas aprovado pelos líderes e formadores de opinião da sociedade em Corinto.

Paulo em Corinto

O apóstolo Paulo foi a esta cidade com a mensagem do evangelho.

> **OBJETIVOS DO CAPÍTULO**
>
> O objetivo deste capítulo é demonstrar a notável relevância dos ensinamentos de 1 Coríntios para nossa vida hoje. A cultura pagã e hedonista da Corinto do primeiro século era notavelmente semelhante à cultura do nosso próprio mundo do século 21. Paulo oferece bons conselhos e percepção profunda àqueles que estão vivendo em tempos corrosivos, tanto em termos morais quanto espirituais.

Aventurando-se através da Bíblia   29

Você se lembra da história contada no livro de Atos? Paulo tinha viajado a Tessalônica e foi expulso daquela cidade por uma revolta dos judeus contra ele. De lá, ele passou rapidamente pela pequena cidade de Bereia e depois foi para Atenas. Ao caminhar por Atenas, ele notou os muitos templos a deuses pagãos, e ele mais tarde pregou aos atenienses no Areópago. Quando deixou Atenas, ele se deparou com o pequeno canal onde Corinto estava localizada. Lá permaneceu aproximadamente 2 anos, pregando o evangelho e confeccionando tendas para seu sustento.

Em Corinto, Paulo encontrou Áquila e Priscila, um casal missionário judeu-cristão natural do Ponto, uma região da costa norte da Ásia Menor, ao longo do mar Negro (atual Turquia). Eles tinham recém chegado de Roma após o imperador romano Cláudio ter expulsado os judeus em 49 d.C. Priscila e Áquila, o casal mais famoso no Novo Testamento, são mencionados em At 18:2,3,18,19,26; Rm 16:3,4; 1Co 16:19; 2Tm 4:19.

Priscila e Áquila confeccionavam tendas, então, Paulo se uniu a eles no ramo de fazer tendas, enquanto organizava uma Igreja na casa deles. Logo o evangelho se espalhou por toda a cidade de Corinto. Muitos coríntios, ao ouvir o evangelho, creram e foram batizados e tornaram-se membros da Igreja naquela cidade. Áquila e Priscila deixaram Corinto para acompanhar Paulo em sua viagem missionária, e mais tarde se estabeleceram em Ponto, sua região de origem (portanto, eles já não estavam em Corinto quando Paulo escreveu esta carta).

À medida que você lê essa epístola de Paulo, você descobre que a Igreja de Corinto havia se tornado problemática — provavelmente a mais problemática no Novo Testamento! No entanto, a Igreja de Corinto, também tinha muito a seu favor. No início da carta, Paulo lhes lembra de seu chamado para serem santificados e santos, separados para o serviço de Deus.

À igreja de Deus que está em Corinto, aos santificados em Cristo Jesus, chamados para ser santos, com todos os que em todo lugar invocam o nome de nosso Senhor Jesus

As epístolas de Paulo

Cristo, Senhor deles e nosso: graça a vós outros e paz, da parte de Deus, nosso Pai, e do Senhor Jesus Cristo (1Co 1:2,3).

Paulo continua a escrever sobre os grandes temas da fé cristã, nos quais os coríntios tinham crido e colocado em prática. Ele chama a atenção ao fato de que eles receberam Cristo pela fé e graça, e que tinham iniciado uma nova vida. Paulo, então, chega a uma declaração muito importante — a declaração sob a qual todos os outros pontos na carta estão firmados.

Fiel é Deus, pelo qual fostes chamados à comunhão de seu Filho Jesus Cristo, nosso Senhor (1:9).

Essa é a verdade central da vida cristã: Somos chamados para compartilhar a vida do Filho de Deus. Tudo o que se segue nesta carta firma-se nesse versículo e no conceito de comunhão com Jesus Cristo.

A carta de 1 Coríntios

A carta aos Coríntios apresenta duas divisões principais: os capítulos 1 a 11 abordam o que poderíamos chamar de "carnalidade" e os capítulos 12 a 16 concentram-se no que Paulo chama de "espiritualidade". A carnalidade inclui tudo o que está errado com a Igreja de Corinto. A espiritualidade inclui tudo o que a Igreja precisa fazer para corrigir o que está errado.

À medida que lemos essa carta, vemos não apenas os problemas da Igreja de Corinto, mas também reconhecemos os problemas que afligem a Igreja hoje. Como os coríntios do primeiro século, nós sofremos a carnalidade — pelo menos em princípio. E, a fim de endireitarmos nossa vida, precisamos da espiritualidade. A primeira carta aos Coríntios é dirigida aos cristãos que vivem em um ambiente saturado pelo sexo, dominado pelo constante fluxo e refluxo de ideias e informações; aos cristãos que vivem em meio a pressões e tentações do tipo que você e eu enfrentamos todos os dias.

Na primeira seção, Paulo identifica e aborda as três principais áreas problemáticas nessa Igreja: Primeiro, existe o problema de divisões; segundo, existe o problema de escândalos; e terceiro, ele responde a certas perguntas que os cristãos coríntios lhe fizeram.

A carnalidade — O que há de errado com a igreja de Corinto?

O primeiro problema — divisões entre os cristãos — foi resultado direto da cultura da sociedade que infectou a Igreja. E este é um problema que enfrentamos hoje. Repetidamente ouvimos o seguinte: "A Igreja está ficando para trás! A Igreja é atrasada! Precisamos estar atualizados com os tempos em que vivemos!".

Embora eu jamais fosse querer que a Igreja se tornasse indigesta e resistente à mudança, ficaria ainda mais horrorizado em ver a Igreja se tornar indistinguível do mundo ao meu redor. Quando uma Igreja começa a refletir o espírito da época em que vive, deixa de refletir Jesus Cristo. Ela deixa de ser santificada, separada e distinta da cultura. Quando isso acontece, a Igreja perde o seu poder — e isso foi o que tinha acontecido com a Igreja em Corinto.

Os cristãos de Corinto tinham permitido que divisões a respeito de filosofias humanas

A CARTA DE 1 CORÍNTIOS

A carnalidade – o que está errado (1 Coríntios 1–11)

 Introdução 1:1-9
 Paulo aborda a questão da divisão na igreja 1:10–4:21
 Paulo aborda a questão da imoralidade sexual 5
 Paulo aborda os litígios entre cristãos 6:1-11
 Advertências contra a imoralidade sexual 6:12-20
 Paulo responde perguntas da igreja de Corinto 7–11
  A. Conselhos sobre casamento 7
  B. A liberdade cristã e o cristão mais fraco 8:1–11:1
  C. Sobre a oração em público 11:2-16
  D. Falta de ordem à Mesa do Senhor 11:17-34

A espiritualidade – como corrigir o que está errado (1 Coríntios 12–16)

 Dons espirituais 12–14
 Aplicação da realidade da ressurreição
 de Jesus Cristo à nossa vida diária 15
 Oferta para os necessitados 16:1-4
 Conclusão 16:5-24

entrassem em sua comunhão. Eles se reuniram em torno de certos líderes religiosos e agora estavam divididos em facções, dizendo: "Eu sigo fulano de tal, e suas percepções são melhores e mais verdadeiras do que a tolice em que você e seu líder acreditam!".

Seitas, facções e panelinhas surgiram. Alguns na Igreja de Corinto se viam como seguidores de Pedro, outros como seguidores de Apolo. Alguns se reuniram em torno dos ensinos do próprio Paulo. Havia até um pequeno grupo exclusivo que dizia ser o mais puro de todos — os que diziam seguir apenas a Cristo. Dentre todos, eles eram os piores causadores de problemas por causa de seu orgulho espiritual.

Paulo começa por mostrar que a sabedoria humana é inútil. Ele a coloca completamente de lado e diz que as percepções humanas são sempre parciais e indignas de confiança. Os coríntios nunca aprenderão nada, ele insiste, até que se entreguem à sabedoria de Deus.

Visto como, na sabedoria de Deus, o mundo não o conheceu por sua própria sabedoria, aprouve a Deus salvar os que creem pela loucura da pregação (1:21).

As questões profundas sobre Deus e a vida do espírito não podem ser resolvidas por um concurso de popularidade ou debate filosófico, elas só podem ser resolvidas pela Palavra de Deus. A Igreja nunca resolverá seus problemas, enquanto estiver seguindo este escritor, aquele mestre, este pastor ou aquele preletor. O discernimento vem do Espírito de Deus falando a nós através da Sua Palavra.

Eu ficaria horrorizado se você lesse este livro e, em seguida, saísse por aí citando Ray Stedman, elevando-me como autoridade final. Este livro se propõe a ser um guia para ajudá-lo em seu estudo pessoal da Palavra de Deus. Se você emergir de nossa aventura juntos mais capacitado para sair e dizer: "Isto é o que a Bíblia diz sobre tal coisa", então ficarei satisfeito.

O apóstolo Paulo responde às facções e divisões em Corinto confrontando aquela Igreja com a mensagem da cruz — a mensagem que apresenta a Cruz de Cristo como o instrumento pelo qual Deus lança fora toda a sabedoria humana. Isso não significa que a sabedoria humana é inútil, pelo menos, em sua esfera limitada. Porém, a história mostra conclusivamente que a sabedoria humana é inútil para resolver os problemas mais profundos dos seres humanos. A sabedoria do homem nunca foi capaz de impedir a guerra, acabar com a pobreza ou solucionar as questões inquietantes do ser humano em relação ao seu significado e existência.

De fato, a sabedoria humana considera a sabedoria de Deus como loucura. Como o apóstolo Paulo observa:

Certamente, a palavra da cruz é loucura para os que se perdem, mas para nós, que somos salvos, poder de Deus. Pois está escrito: Destruirei a sabedoria dos sábios e aniquilarei a inteligência dos instruídos (1:18,19).

Quando entendemos isso, percebemos que nunca vamos começar a aprender até que primeiramente aprendamos que não sabemos nada. Quando viermos a apreciar a mensagem da cruz, entenderemos que Deus escolheu Seu próprio Filho, fez dele um ser humano semelhante a nós, em todos os sentidos, e o enviou para morrer. Essa é a mensagem da cruz. É por isso que parece tão louca ao ser humano natural.

A Cruz de Cristo age de acordo com um princípio totalmente diferente da sabedoria do mundo. É como uma serra que corta o grão da sabedoria deste mundo. Uma vez que entendemos e aceitamos esse fato, diz Paulo, começamos a descobrir a sabedoria secreta e escondida que desvenda as questões da vida e as responde uma por uma. Começamos a compreender a nós mesmos e a ver por que este mundo é do jeito que é e para onde está indo, e por que toda a confusão e problemas desta vida existem.

Na verdade, Paulo está dizendo "não vou perder tempo discutindo com você sobre as filosofias de Sócrates, Platão ou Aristóteles ou de qualquer outro ser humano. Eles têm o seu lugar. Mas quando se trata de resolver os problemas profundos da natureza humana, só há uma sabedoria que tem as respostas, e essa sabedoria é a mensagem da cruz".

Deus nos criou para aprender, questionar e imaginar, mas Ele jamais teve a intenção de que todo o nosso conhecimento viesse de fontes do mundo. Ele nos criou para aprender com Ele, a buscar nossas respostas nele. O Senhor providenciou as respostas na forma de revelação nas Escrituras. Nosso conhecimento deve ter um fundamento correto, por isso Deus constantemente nos chama a voltar ao princípio que Ele estabeleceu no Antigo Testamento.

O temor do Senhor é o princípio da sabedoria, e o conhecimento do Santo é prudência (Pv 9:10).

Essa é a verdadeira fonte de conhecimento e sabedoria. E é aí que devemos começar.

A causa das divisões na Igreja de Corinto não era devido a diferenças de pontos de vista humanos. Não, você pode ter muitos pontos de vista sobre muitas questões em uma Igreja e ainda ter unidade e comunhão. Como Paulo deixa claro em 1 Coríntios 3, as causas dessas divisões eram a carnalidade, o orgulho, o desejo natural de ter preeminência e de ser exaltado. Paulo lhes diz que, enquanto a carnalidade tiver lugar na vida deles, eles permanecerão crianças espirituais e nunca crescerão (veja 1Co 3:1-5).

Tudo o que fazemos na carne é madeira, feno e palha e só servem para ser queimado (1Co 3:11-15). Todo elogio que ansiamos e buscamos dos outros é sem valor — não, é pior do que sem valor, pois quando o ansiamos e buscamos, trazemos divisão e destruição para a obra de Deus. Seu julgamento é verdadeiro e implacável. Ele não fica nem um pouco impressionado com as obras que fazemos na carne. Apenas o que é realizado no Espírito vai permanecer. A mensagem da cruz deve penetrar e cortar a carne antes de podermos experimentar crescimento e maturidade. Até que isso aconteça, divisão e conflito reinarão na Igreja e em nossa vida.

Começando no capítulo 5, Paulo se volta para a questão dos escândalos na Igreja. Eles eram, é claro, resultado da carnalidade dos membros da comunidade cristã de Corinto. Paulo confronta de forma franca a imoralidade sexual na Igreja e cita um caso específico — um caso que estava sendo abertamente aceito e tolerado. A resposta de Paulo: Este pecado deve ser tratado. "Expulsai, pois, de entre vós o malfeitor", citando um princípio de Dt 17:7; 19:9; dentre outros. Sempre que o pecado irrompe notoriamente e não há arrependimento, a Igreja deve agir com disciplina — ou o pecado pode contaminá-la por inteiro. A Igreja de Corinto falhou em agir. Como resultado, a imoralidade estava corroendo o coração do corpo.

Aqui, novamente, vemos um paralelo com a Igreja de hoje. É assustador vermos certos líderes em algumas igrejas defendendo abertamente a imoralidade sexual, incentivando os jovens a dormir juntos e a viver juntos, e apoiar ao ministério essas pessoas que estão vivendo, abertamente, relacionamentos imorais. Hoje em dia, como na Corinto do primeiro século, estamos rodeados por uma cultura que aceita a imoralidade como algo normal, e até mesmo saudável. Porém, nós como a Igreja do Senhor devemos ficar com a verdade de Deus porque a violação das leis do Senhor a respeito da conduta sexual é, de fato, uma violação da humanidade das pessoas envolvidas.

Não é apenas a ira de Deus que se acende quando há pecado sexual. O amor do Senhor se acende da mesma forma. Deus nos ama demais para permitir que nos machuquemos por abusar sexualmente um do outro e usar um ao outro por mera satisfação pessoal. Não é apenas a Lei de Deus, mas também o amor de Deus por nós, que são transgredidos quando pecamos sexualmente um contra o outro.

Se quisermos que os jovens se mantenham sexualmente puros, devemos ajudá-los a entender que o sexo é mais do que apenas uma questão de "não farás". Eles precisam entender que o corpo deles é o templo do Espírito Santo. O próprio Filho de Deus habita em nós, e nunca estamos fora de Sua presença. Onde quer que vamos, Ele está conosco e em nós. Tudo o que fazemos é feito na presença do próprio Filho de Deus.

Será que arrastaríamos Jesus para uma casa de prostituição ou à presença de pornografia? Que pensamento horrível! Se nossos jovens puderem aprender a vivenciar Sua presença e conscientemente levá-lo para onde forem, eles estarão mais fortalecidos para suportar as pressões e as tentações que atravessarem o caminho deles.

Respondendo às perguntas

Começando com o capítulo 7, Paulo se volta para os quatro principais temas sobre os quais os coríntios lhe questionaram — casamento, carne oferecida aos ídolos, véus das mulheres e a Ceia do Senhor.

Primeiro, os coríntios perguntaram a Paulo se era certo se casar, tendo em vista as pressões que os rodeavam. Eles imaginavam se, talvez, devessem se entregar totalmente ao serviço de Deus vivendo um estilo de vida ascético. Embora o próprio Paulo não fosse casado, ele lhes disse que é melhor, se possível, que homens e mulheres se casem, e que o casamento é uma maneira perfeitamente apropriada de vida. Cada homem deveria ter sua própria esposa e cada mulher seu próprio marido.

Paulo continua a dizer que também é bom ter uma vida de solteiro, se Deus concede isso

QUATRO PREOCUPAÇÕES NA IGREJA DE CORINTO

O Casamento
Carne oferecida aos ídolos
Véus das mulheres
A Ceia do Senhor

Ruínas de Corinto, Grécia

como um chamado especial a uma pessoa. O estado de solteiro também é uma forma perfeitamente honrosa de vida. O casamento não é uma necessidade, embora frequentemente seja uma vantagem. Porém, a união conjugal pode também ser um problema. Paulo lida cuidadosamente com a questão do casamento.

Segundo, os coríntios perguntaram a Paulo sobre a carne oferecida aos ídolos. Eles estavam preocupados com a ofensa a Deus e com a consciência de um cristão mais fraco sobre esta questão. Embora não sejamos mais perturbados pelo problema de comermos ou não carne oferecida aos ídolos, ainda nos confrontamos com problemas semelhantes. Temos tabus cristãos sobre muitas questões que não são abordados diretamente ou declarados como maus nas Escrituras: fumar, beber socialmente, dançar, mídia de entretenimento e muitas outras questões.

É interessante que Paulo era um apóstolo, com toda a autoridade de um apóstolo, mas ele se recusou terminantemente a estabelecer regras sobre estas questões. Por quê? Porque cristãos fracos e imaturos sempre querem alguém que os coloque debaixo da Lei. Mas se você colocar cristãos debaixo da Lei, então eles não estão mais debaixo da graça, e Paulo sabia que os cristãos devem aprender a lidar com o que ele chama de "a Lei da liberdade".

Paulo relaciona "a Lei da liberdade" com outras duas leis. À primeira, ele chama de "Lei do amor" que diz: "Posso ser livre para fazer isso, mas se eu vier a colocar uma pedra de tropeço no caminho de alguém, não o faço". Esta limitação não é imposta por minha consciência, mas pela consciência da outra pessoa — e pelo meu amor cristão por aquela pessoa. Deixo de lado meus direitos, a fim de evitar ofender a pessoa cuja consciência é mais legalista ou frágil.

As epístolas de Paulo

E a outra de "Lei da conveniência". Tudo é legal e legítimo, mas nem tudo é útil ou conveniente. Há muitas coisas que eu *poderia* fazer, e muitas direções para as quais eu poderia ir como cristão, mas se eu passar todo o meu tempo fazendo as coisas para as quais tenho liberdade, já não terei tempo para fazer as coisas às quais sou chamado a praticar. Isso não é útil ou conveniente.

Terceiro, os coríntios perguntaram a Paulo sobre a preocupação com o véu das mulheres. Véus? Sim, véus! Pode parecer tolice hoje em nossa cultura, mas era um grande problema naquela época e lugar — e não tão tolo quanto se poderia pensar. Esta Igreja em particular tinha um problema por causa da cultura local. Se uma mulher fosse vista com a cabeça descoberta em Corinto, ela era imediatamente identificada como prostituta, uma das sacerdotisas do templo. É por isso que Paulo escreve a essas pessoas em Corinto: "Vocês, mulheres, quando vierem à Igreja, coloquem um véu! É um sinal de que você é uma mulher cristã sujeita a seu marido" (paráfrase minha, veja 1Co 11:3-16).

O quarto problema com o qual os coríntios estavam preocupados era a Ceia do Senhor. Havia certos indivíduos participando da Ceia de maneira mecânica, sem ver nenhum significado e sem ter nenhuma percepção do que estavam fazendo. Assim, o apóstolo teve que lhes mostrar que tudo que o cristão faz deve ser feito com coração sincero e compreensão clara do significado da Ceia do Senhor.

Corrigindo a carnalidade

Começando com o capítulo 12, Paulo aborda os dons espirituais, que são as correções para os problemas em Corinto. Esses problemas não podiam ser corrigidos por esforços humanos, mas devem começar com o reconhecimento do ministério do Espírito Santo na vida do cristão. Observe que o capítulo 12 começa justamente com essa palavra, *espiritualidades*:

A respeito dos dons espirituais, não quero, irmãos, que sejais ignorantes (12:1).

A tradução para o português usa duas palavras, "dons espirituais", mas no grego original, há apenas uma palavra, e ela pode ser literalmente interpretada como "espiritualidades".

Paulo diz que não quer que os coríntios sejam ignorantes a respeito das espiritualidades. Por que não? Bem, porque o reino espiritual, embora invisível, é o reino da realidade principal. As espiritualidades fazem todas as outras áreas da vida funcionar. É a presença do Espírito que torna Cristo real para nós, e os dons do Espírito — as espiritualidades — têm a finalidade de fazer o Corpo de Cristo funcionar de forma eficaz. À medida que a Igreja desempenha sua função, ela alcança e influencia a sociedade em todos os lados, realizando o eterno plano de Deus.

Temos perdido muito da riqueza da provisão de Cristo para Sua Igreja. Sabemos tão pouco sobre os dons do Espírito. Qual é o seu dom? Você sabe? Você já o descobriu? Você o está usando? Ou você precisa do mesmo estímulo espiritual que Paulo deu a Timóteo?

Por esta razão, pois, te admoesto que reavives o dom de Deus que há em ti pela imposição das minhas mãos (2Tm 1:6).

Aventurando-se através da Bíblia

O Corpo de Cristo funciona ao exercitar seus dons, e cada cristão tem pelo menos um dom. Há muitos dons diferentes, e nós não temos todos os mesmos dons. Por isso é que precisamos uns dos outros no Corpo de Cristo: Não há dois cristãos iguais e nenhum cristão é dispensável. Se um cristão falhar no exercício de seus dons, todo o Corpo de Cristo sofre.

O capítulo 12 é um belo capítulo. Ele nos mostra, claramente, que não devemos desprezar ou ofender um ao outro por causa de diferença de dons. Uma das mais belas — e condenatória — passagens neste capítulo é a passagem que claramente define a Igreja como um corpo formado por muitas partes indispensáveis.

> *Mas Deus dispôs os membros, colocando cada um deles no corpo, como lhe aprouve. Se todos, porém, fossem um só membro, onde estaria o corpo? O certo é que há muitos membros, mas um só corpo. Não podem os olhos dizer à mão: Não precisamos de ti; nem ainda a cabeça, aos pés: Não preciso de vós. Pelo contrário, os membros do corpo que parecem ser mais fracos são necessários; e os que nos parecem menos dignos no corpo, a estes damos muito maior honra; também os que em nós não são decorosos revestimos de especial honra. Mas os nossos membros nobres não têm necessidade disso. Contudo, Deus coordenou o corpo, concedendo muito mais honra àquilo que menos tinha, para que não haja divisão no corpo; pelo contrário, cooperem os membros, com igual cuidado, em favor uns dos outros* (1Co 12:18-25).

À medida que vivermos em unidade, realizando nossas funções na Igreja e no mundo ao exercitar nossas espiritualidades, ou dons espirituais, no poder do Espírito Santo, o mundo será abalado pela força do nosso amor e de nosso testemunho. A prova de que Deus é real e age no mundo é aquela que demonstramos em nossa vida.

Demonstraremos a verdade e o poder de Deus quando tivermos aprendido o segredo declarado no próximo capítulo — o famoso capítulo do amor do Novo Testamento, 1 Coríntios 13. O aspecto mais surpreendente da descrição de amor feita por Paulo é a maneira como ele define amor; não como uma emoção, mas como uma decisão ou ato da vontade.

> *O amor é paciente, é benigno; o amor não arde em ciúmes, não se ufana, não se ensoberbece, não se conduz inconvenientemente, não procura os seus interesses, não se exaspera, não se ressente do mal; não se alegra com a injustiça, mas regozija-se com a verdade; tudo sofre, tudo crê, tudo espera, tudo suporta. O amor jamais acaba* (13:4-8).

No capítulo 14, Paulo aborda outro problema que historicamente tem causado muita confusão na Igreja: o uso indevido de um dos dons — o dom de línguas. O falso uso deste dom é um problema na Igreja da contemporaneidade tanto quanto era quando Paulo o abordou neste capítulo. Para corrigir estes abusos, Paulo dedica esta seção à importância do dom de profecia. Sempre me surpreendo ao observar quantas pessoas leem este capítulo e perdem completamente o objetivo do apóstolo.

Estátua de São Paulo por Pierre-Étienne Monnot (1704–08).

O propósito do capítulo é encorajar aqueles com o dom de profecia a exercitá-lo. Mas você quase nunca ouve nada sobre isso atualmente. Hoje em dia, ouvimos muito sobre o dom de línguas, mas muito pouco sobre o dom de profecia. Paulo estava tentando minimizar o dom de línguas e salientar o dom de profecia. Este último é simplesmente a capacidade de explicar e expor as Escrituras, de falar de conforto, edificação e encorajamento usando as Escrituras.

O capítulo 15 coloca grande ênfase na ressurreição, e por boas razões. De que valeria qualquer uma dessas verdades se não tivéssemos o Cristo vivo e ressurreto para torná-las reais? A ressurreição é o grande eixo sobre o qual toda a fé cristã gira. Sem a ressurreição, o cristianismo desaba. Se Jesus Cristo não foi ressuscitado dentre os mortos, escreve Paulo, "é vã a vossa fé, e ainda permaneceis nos vossos pecados" (15:17). Não apenas isso, mas se Cristo não ressuscitou, "somos os mais infelizes de todos os homens" (15:19) — somos tolos.

Mas, louvado seja Deus, a ressurreição foi um acontecimento real. Não ocorreu na imaginação de alguém; ocorreu na história. Jesus está vivo! É por isso que Paulo pode fechar o capítulo 15 com estas palavras de confiança e encorajamento:

Portanto, meus amados irmãos, sede firmes, inabaláveis e sempre abundantes na obra do Senhor, sabendo que, no Senhor, o vosso trabalho não é vão (15:58).

O capítulo 16 é o pós-escrito de Paulo no qual ele atualiza a Igreja a respeito de determinadas questões, como a necessidade de ofertar regularmente, da recomendação de certos missionários, dos planos pessoais de Paulo e algumas palavras finais de encorajamento.

Sede vigilantes, permanecei firmes na fé, portai-vos varonilmente, fortalecei-vos. Todos os vossos atos sejam feitos com amor (16:13,14).

Como os coríntios do primeiro século, vivemos em um mundo de pressões, tentações e constantes batalhas espirituais e morais. Mas você e eu temos tudo o que precisamos para vencer. Temos as espiritualidades de Deus, e elas são mais do que suficientes para nos tornar supervencedores com relação à carnalidade e a Satanás.

DONS ESPIRITUAIS

Onde quer que você veja Deus agindo, encontra-se ali diversidade equilibrada com unidade. Encontram-se muitos dons espirituais, mas um só Espírito. Encontram-se muitos tipos de serviço, mas um só Senhor sobre todos eles. "E há diversidade nas realizações", escreve Paulo, "mas o mesmo Deus é quem opera tudo em todos" (1Co 12:6). Deus Pai é responsável pelas obras — e resultados. Nosso Deus é ativo e inovador. Ele está atuando hoje em dia — e Ele está agindo através de Seu povo a quem Ele capacitou por meio de Seu Espírito.

Os dons do Espírito são habilidades ou graças que sobrenaturalmente nos são dadas pelo Espírito de Deus para nos capacitar a cumprir a missão e o propósito da Sua Igreja. Os dons espirituais não devem ser confundidos com habilidades ou talentos naturais, nem devem ser confundidos com o fruto do Espírito (Gl 5:22,23), que são nove qualidades de caráter manifestadas por aqueles cujas vidas são controladas pelo Espírito Santo.

Jamais devemos presumir que o único lugar onde podemos usar os nossos dons seja dentro das quatro paredes do templo. Sim, esses dons foram dados para edificar a Igreja — mas eles também foram dados para os usarmos em nossos lares, bairros, locais de trabalho, e onde quer que vivamos. Ninguém é deixado de fora; todos têm um dom. Muitos cristãos ainda não descobriram seus dons, contudo, todos os cristãos os têm.

O Novo Testamento apresenta pelo menos 20 dons espirituais distintos: apóstolo, profeta, evangelista, pastor-mestre, serviço, exortação, contribuição, liderança, misericórdia, auxílio, administração, sabedoria, conhecimento, discernimento, profecia, línguas, interpretação, fé, cura e milagres. Os dons do Espírito são listados principalmente em 1 Coríntios 12, Romanos 12 e Efésios 4; 1 Pedro 4 também faz referência a eles.

A seguir veja uma lista dos dons do Espírito e onde eles são encontrados no Novo Testamento.

ROMANOS 12:6-8	1 CORÍNTIOS 12:8-10	1 CORÍNTIOS 12:28	EFÉSIOS 4:11	1 PEDRO 4:11
Profeta	Palavras de sabedoria	Apóstolo	Apóstolo	Falar as palavras de Deus
Serviço	Palavras de conhecimento	Profeta	Profeta	Serviço
Ensino	Fé	Mestre	Evangelista	
Exortação	Dons de cura	Milagres	Pastor	
Contribuição	Milagres	Cura	Mestre	
Liderança	Profecia	Auxílio		
Misericórdia	Discernimento	Administração		
	Línguas	Línguas		
	Interpretação de línguas			

PERGUNTAS PARA DISCUSSÃO

1 CORÍNTIOS
A epístola para o século 21

1. Leia 1Co 1:1-17. Paulo salta rapidamente para o problema das divisões na igreja de Corinto. Por que facções e divisões na Igreja são tão prejudiciais para a causa de Cristo?

As divisões têm sido um problema em sua Igreja? Em sua opinião, qual a causa dessas divisões? Como isso afetou a você e sua fé? Se você tivesse que avaliar sua Igreja em "ser inteiramente unidos, na mesma disposição mental e no mesmo parecer" (1:10), que nota você daria a ela? Que nota você daria a seus próprios esforços para viver em harmonia e unidade com outros cristãos?

2. Leia 1Co 1:18–2:15. Como a cultura ao seu redor define sabedoria? O que a "sabedoria" do mundo produz? Riqueza? Poder? Fama? Sucesso? Como a sabedoria de Deus difere da "sabedoria" do mundo?

Paulo escreve que "a loucura de Deus é mais sábia do que os homens; e a fraqueza de Deus é mais forte do que os homens [...]. Deus escolheu as coisas loucas do mundo para envergonhar os sábios e escolheu as coisas fracas do mundo para envergonhar as fortes" (1:25,27). Por que Deus escolheria as coisas fracas e loucas do mundo para envergonhar as fortes? Você já viu este princípio agindo em sua própria vida ou no mundo ao seu redor? Explique sua resposta.

3. Leia o capítulo 3. As divisões na igreja de Corinto são causadas apenas por diferenças de opinião — ou há alguma outra razão? Explique.

Qual é o alimento sólido do qual Paulo quer que os cristãos de Corinto se alimentem? Como o alimento espiritual sólido ajudaria na cura das divisões na Igreja de Corinto?

4. Começando no capítulo 5, Paulo se volta para a questão dos escândalos nessa igreja, que resultavam da carnalidade entre os cristãos de Corinto. Quando você sabe de pecado em sua família ou igreja, você tende a reagir com dureza ou indulgência? Quais pecados são os mais difíceis para você enfrentar? (Veja também 6:9-11). Em sua opinião, sua igreja tende a ser dura demais com o pecado — ou suave demais?

Leia 1Co 5:6-8. Do que Paulo tem medo que aconteça com a Igreja de Corinto se eles não confrontarem o pecado?

5. Leia 1Co 6:12-20. O autor escreve: "Se quisermos que os jovens se mantenham sexualmente puros, devemos ajudá-los a entender que o sexo é mais do que apenas uma questão de 'não farás'. Eles precisam entender que o corpo deles é o templo do Espírito Santo... Tudo o que fazemos é feito na presença do próprio Filho de Deus". O que Paulo quer dizer quando afirma que nosso corpo é templo do Espírito Santo? Se você quiser honrar a Deus com o seu corpo (veja 6:20), o que você precisa parar de fazer? O que você precisa começar a fazer?

6. Leia o capítulo 12. Dos dons espirituais listados nesta passagem, quais os dons que você recebeu? Quais dons você gostaria de ter, mas não tem? Você acha correto pedir a Deus por dons específicos? Com que eficácia você está usando seus dons espirituais? O que você poderia fazer para ser um administrador mais eficaz dos dons que Deus lhe deu?

Concentre-se especialmente em 12:12,13. Como uma compreensão adequada da diversidade dos dons espirituais pode contribuir para uma maior unidade na Igreja, o Corpo de Cristo? Qual deve ser a nossa atitude em relação às pessoas cujos dons são diferentes dos nossos?

APLICAÇÃO PESSOAL

7. Leia 1Co 1:4-9. Esses versículos se concentram em uma atitude de ação de graças. Eles descrevem a sua atitude? Por quê? Pelo que você é mais grato? A atitude de Paulo o desafia a demonstrar mais gratidão a Deus?

8. Paulo diz no capítulo 3 que estamos edificando nossa vida sobre um alicerce — e este consiste de ouro, prata, pedras preciosas, madeira, feno ou palha. Quão forte é o seu fundamento espiritual? Quais passos você pode tomar esta semana para reforçar seu alicerce espiritual?

9. Do capítulo 3: Você se considera um bebê espiritual ou um adulto espiritual, ou algo entre os dois? Você consegue ingerir alimento espiritual sólido ou ainda só pode tomar leite espiritual? Explique sua resposta.

10. Leia o capítulo 13. O amor descrito nesse capítulo é um sentimento ou uma escolha? Por que esse "capítulo do amor" é uma descrição tão apropriada do caráter de Cristo?

Quem é a pessoa em sua vida que mais se aproxima de viver esse tipo de amor? Qual o aspecto desse tipo de amor que é algo natural para você? Qual deles você precisa trabalhar conscientemente? Quais mudanças você pode fazer em sua atitude e comportamento para que você seja um melhor exemplo do amor de 1 Coríntios 13? Quais passos você pode dar esta semana para fazer essas mudanças e se tornar uma pessoa mais amorosa e semelhante a Cristo?

Observação: Para uma pesquisa mais aprofundada nas epístolas de 1 e 2 aos Coríntios, leia *Letters to a Troubled Church: 1 and 2 Corinthians* (Cartas a uma igreja problemática: 1 e 2 Coríntios), escrito por Ray C. Stedman (Discovery House Publishers, 2007).

Campos de pastores perto de Belém

2 CORÍNTIOS

CAPÍTULO 4

Quando sou fraco, então, é que sou forte

Viagem através da Macedônia, Corinto, e o retorno a Jerusalém via Filipos, Trôade, Mileto (despedida em Éfeso), Tiro

Certa vez visitei Corinto. Resta pouca coisa da cidade original, que foi destruída pelos romanos pouco tempo depois de Paulo tê-la visitado. A cidade está em ruínas desde então. Entretanto, algumas colunas do templo, o mercado e outras áreas públicas da cidade ainda permanecem lá. A pavimentação real do pretório do procônsul romano também está bem preservada.

Nos dias de Paulo, Corinto era um reduto de prazer, de discurso público e debate filosófico, e um grande centro comercial. Era uma cidade de grande beleza, com muitos templos ricamente adornados, dedicados a deuses e deusas pagãos.

Como observamos no capítulo anterior, Corinto era também centro de adoração lasciva — adoração à deusa do amor, Afrodite. Seu templo era o local onde cerca de 10 mil "sacerdotisas de Afrodite" (na realidade, prostitutas) realizavam seus negócios. Corinto era uma sociedade saturada de sexo, e você pode ver indicações disso nas cartas de Paulo à Igreja de Corinto.

Esta é a cidade onde Paulo conheceu Priscila e Áquila, e onde fundou a Igreja de Corinto

na casa deles. Enquanto eu estava parado entre as ruínas da cidade onde Paulo havia pregado e trabalhado em nome de Deus, durante o tempo em que se sustentou como fazedor de tendas, não pude deixar de pensar em certas frases da segunda carta de Paulo à Igreja de Corinto, uma das mais pessoais e emocionantes de todas as suas cartas.

Pano de fundo de 2 Coríntios

Para entender esta carta, é importante entender o pano de fundo e o contexto em que foi escrita. Depois que Paulo tinha estabelecido a Igreja em Corinto e trabalhado na cidade por quase 2 anos, ele se mudou para a cidade

> **OBJETIVOS DO CAPÍTULO**
>
> A segunda carta de Paulo aos cristãos de Corinto é uma das mais pessoais e emocionantes de todas as cartas de Paulo. Ele escreve por causa da profunda preocupação e dor pela igreja de Corinto. Oriundos desta preocupação surgem alguns dos maiores ensinamentos espirituais do Novo Testamento — ensinamentos sobre o ministério da igreja, a autoridade da igreja e a unidade da igreja. O objetivo deste capítulo é demonstrar quão relevantes e importantes são essas percepções para a nossa vida hoje.

Aventurando-se através da Bíblia   45

de Éfeso, no continente asiático (atual Turquia). De Éfeso, ele escreveu sua primeira carta aos Coríntios, a fim de corrigir algumas das divisões que tinham surgido na Igreja em Corinto desde sua partida e lidar com alguns dos escândalos na Igreja.

Mais ou menos na época em que Paulo escreveu sua primeira carta aos cristãos de Corinto, um grupo de desordeiros surgiu nessa Igreja. Eles queriam reintroduzir o judaísmo linha-dura e legalista no cristianismo. Isso causou muito conflito na Igreja à medida que esta facção ganhou influência sobre o povo. O grupo era liderado por um mestre que se opunha a Paulo e provavelmente tinha vindo de Jerusalém, ensinando aos cristãos de Corinto que eles deviam observar a Lei de Moisés. Autointitulando-se como "partido de Cristo", eles se apresentavam como os únicos verdadeiros seguidores de Cristo e da Lei de Deus. Afirmavam que os grandes temas da graça ensinados por Paulo não eram o cristianismo autêntico.

Paulo faz referência a esta facção em sua primeira carta, referindo-se a eles como as pessoas que afirmam seguir apenas a Cristo (veja 1Co 1:12). Este grupo, aparentemente, assumiu o controle dos cristãos em Corinto, e Paulo revisitou a cidade por pouco tempo, sendo rejeitado por aqueles líderes eclesiásticos. A Igreja que Paulo tinha plantado havia se tornado tão permeada com o falso cristianismo que o próprio Paulo não era bem-vindo lá.

Assim que retornou a Éfeso, ele escreveu uma carta emocional, direta e curta, repreendendo e reprovando os cristãos de Corinto por se permitirem ser enganados. Essa carta em particular, foi perdida, mas está claro que Paulo a escreveu. Não sabemos por que ela não foi preservada — talvez porque Paulo, escrevendo com raiva, tenha dito coisas que estavam além do que o Espírito Santo pretendia. Ou talvez essa carta simplesmente tratasse de assuntos temporais da Igreja de Corinto — assuntos que não seriam significativos para nós hoje. De qualquer forma, essa carta perdida não tem a força das Escrituras. Ela não teria sido perdida, se Deus quisesse que fosse preservada.

Essa carta agora perdida foi levada à Igreja de Corinto por Tito, enquanto o apóstolo permanecia em Éfeso, esperando ansiosamente por ouvir qual seria a resposta dos coríntios. Esta é a carta à qual Paulo se refere no início de 2 Coríntios, quando diz aos cristãos de Corinto que estava ansioso e preocupado com eles:

> E isto escrevi para que, quando for, não tenha tristeza da parte daqueles que deveriam alegrar-me, confiando em todos vós de que a minha alegria é também a vossa. Porque, no meio de muitos sofrimentos e angústias de coração, vos escrevi, com muitas lágrimas, não para que ficásseis entristecidos,

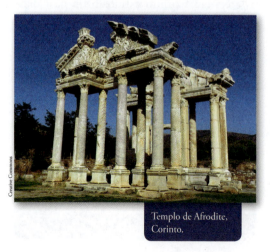

Templo de Afrodite, Corinto.

As epístolas de Paulo

A CARTA DE 2 CORÍNTIOS

Ministério dentro da Igreja (2 Coríntios 1–4)

Introdução 1:1–11

A mudança de planos de Paulo, impossibilidade de
chegar a Corinto 1:12–2:4

Perdoar e restaurar o pecador arrependido................................. 2:5-13

Cristo nos faz triunfar 2:14-17

O ministério de Paulo, um ministério de vidas transformadas,
um ministério da nova aliança, um ministério de Cristo...........3:1–4:7

As provações do ministério... 4:8-15

Nossa motivação para servir a Deus 4:16-18

Ministério da contribuição e serviço da Igreja (2 Coríntios 5–10)

Nossa recompensa futura por servir a Cristo 5:1-16

O ministério da reconciliação.. 5:17-21

Não ofender a outros 6:1-10

O apelo de Paulo para a reconciliação na igreja
e separação de influências prejudiciais 6:11–7:1

Paulo e Tito 7:2-7

A resposta dos coríntios à carta de 1 Coríntios 7:8-16

A coleta de Paulo para os cristãos carentes e
os princípios da contribuição piedosa..8–9

Paulo responde as acusações contra ele 10

Autoridade e sábia liderança (2 Coríntios 11–13)

O próprio apostolado e autoridade de Paulo 11:1–12:6

O espinho na carne de Paulo e a graça suficiente de Deus 12:7-10

Os sinais da autoridade de Paulo como apóstolo 12:11-13

Paulo discute seus planos de uma futura visita.....................12:14–13:10

Conclusão 13:11-14

mas para que conhecêsseis o amor que vos consagro em grande medida (2:3,4).

Ele também diz que passou por intenso sofrimento enquanto esperava em Éfeso por uma palavra deles:

Porque não queremos, irmãos, que ignoreis a natureza da tribulação que nos sobreveio na Ásia, porquanto foi acima das nossas forças, a ponto de desesperarmos até da própria vida. Contudo, já em nós mesmos, tivemos a sentença de morte, para que não confiemos em nós, e sim no Deus que ressuscita os mortos (1:8,9).

Enquanto Paulo esperava por uma resposta da Igreja de Corinto, surgiram problemas na Igreja em Éfeso, conforme registrado em Atos 19. Lá, os ourives causaram uma grande comoção na cidade, e Paulo foi ameaçado de ser arrastado para diante dos juízes romanos.

Ele escapou e decidiu prosseguir para a Macedônia para se encontrar com Tito, que vinha através da Macedônia, retornando de Corinto. Pelo fato de sua ansiedade em relação aos coríntios ser tão grande, Paulo não conseguiu esperar mais pelas notícias. Também pretendia levantar dinheiro para o sustento dos cristãos em Jerusalém, que estavam sofrendo devido a fome.

Com estas duas preocupações pesando muito em seu coração, Paulo foi para Filipos, na Macedônia. Lá ele encontrou-se com Tito e recebeu notícias que a carta repreensiva que ele havia escrito para os coríntios tinha alcançado seu propósito. A maioria dos cristãos de Corinto havia se arrependido de sua rejeição ao ministério de Paulo e começado a viver novamente à semelhança de Jesus Cristo.

Entretanto, uma minoria ainda era inflexível, e continuou a se rebelar contra a autoridade do apóstolo. Assim, da cidade de Filipos, Paulo escreveu esta carta, 2 Coríntios, expressando sua ansiedade e preocupação pelos cristãos de Corinto.

Ministério dentro da Igreja

Nos capítulos iniciais desta carta, descobrimos uma declaração de como o verdadeiro ministério cristão deve ser. Paulo escreve em 2Co 3:6 que Deus "nos habilitou para sermos ministros de uma nova aliança". Ou seja, não pregamos a velha aliança da Lei de Moisés, mas a nova aliança da graça mediante a fé em Jesus. A letra da velha aliança da Lei mata, diz Paulo, mas o Espírito da nova aliança dá vida.

Em outras palavras, a mensagem cristã não se trata das exigências da Lei sobre as pessoas, que as obriga a seguir regras e regulamentos. Qualquer um que apresentar a fé cristã como um conjunto de regras de "faça isso" e "não faça aquilo" distorceu a mensagem cristã, tornando-a algo mortal, embrutecida e perigosa. A fé em Cristo é um relacionamento vivo com o Senhor amoroso — não uma determinação severa para colocar os pingos em todos os is da Lei.

Paulo nos diz que a antiga aliança, exemplificada pelos Dez Mandamentos, nos impõe exigências sem nos dar o poder para cumprir a Lei. É um ministério de morte.

Em seguida, esse apóstolo traça a história da nova aliança — o novo modo de viver. A antiga aliança fora dada a Israel em palavras gravadas em tábuas de pedra no monte Sinai. A nova aliança no Novo Testamento está gravada no coração dos homens pelo Espírito de Deus. A antiga aliança veio em glória "...a ponto de os filhos de Israel não poderem fitar a face de Moisés, por causa da glória do seu rosto, ainda que desvanecente" (3:7,8). Mas, Paulo afirma, se "...o ministério da condenação foi glória, em muito maior proporção será glorioso o ministério da justiça" (3:9).

A antiga aliança envolvia uma determinação severa para se preparar e tentar fazer o que Deus exigia. Porém, o relacionamento da nova aliança é a percepção de que Deus providenciou o Espírito Santo para ministrar a vida do Senhor ressurreto na vida dos que nele crê. O mesmo poder que ressuscitou Jesus dentre os mortos está disponível para nós como força e graça para fazer tudo o que a vida exige de nós. Paulo prossegue descrevendo os maravilhosos recursos que podemos usufruir na vida cristã.

TRÊS RECURSOS PARA A VIDA CRISTÃ
A Palavra de Deus
O Espírito de Deus
A esperança

Primeiro recurso: A Palavra de Deus. A ocupação de um ministro de Jesus Cristo (e lembre-se, todos os cristãos são chamados para serem Seus ministros — não apenas pastores e mestres) é anunciar a Palavra de Deus. Observe como Paulo coloca isso:

Pelo que, tendo este ministério, segundo a misericórdia que nos foi feita, não desfalecemos; pelo contrário, rejeitamos as coisas que, por vergonhosas, se ocultam, não andando com astúcia, nem adulterando a palavra de Deus; antes, nos recomendamos à consciência de todo homem, na presença de Deus, pela manifestação da verdade (4:1,2).

Aqui vemos não só o fracasso da Igreja do primeiro século, mas o da Igreja atual, em

Aventurando-se através da Bíblia　　　49

tantas áreas — a manipulação inteligente e sutil da Palavra de Deus, minando sua autoridade, subvertendo sua mensagem, ignorando seu testemunho e se recusando a agir de acordo com sua verdade.

Segundo recurso: A misteriosa habitação do tesouro do Espírito de Deus. Paulo explica este recurso:

Temos, porém, este tesouro em vasos de barro, para que a excelência do poder seja de Deus e não de nós (4:7).

A vida vitoriosa não é o resultado de uma personalidade fascinante ou por se ser inteligente ou culto. A vida cristã vitoriosa é decorrente desse tesouro escondido dentro do vaso de barro de nossa vida. A fonte de poder de uma vida vitoriosa é o Espírito Santo. Esse é o segredo pelo qual o poder de Deus é liberado em nossa vida.

Terceiro recurso: A esperança. Paulo prossegue em declarar a grande esperança do cristão:

...não atentando nós nas coisas que se veem, mas nas que se não veem; porque as que se veem são temporais, e as que se não veem são eternas (4:18).

Temos um corpo que não pode ser destruído — uma casa "eterna, nos céus", que é, como lemos em 5:1, "não feita por mãos" humanas. Deus tem um grande futuro para nós. A vida que experimentamos agora é preparação para a vida que há de vir. O presente é apenas um prólogo para o futuro eterno.

O capítulo 5 também revela a transformação radical que ocorre quando nos comprometemos com Cristo:

E, assim, se alguém está em Cristo, é nova criatura; as coisas antigas já passaram; eis que se fizeram novas (v.17).

Somos novas pessoas em Cristo, e, como resultado, Deus nos deu um novo ministério e uma nova mensagem — o ministério e a mensagem da reconciliação.

Ora, tudo provém de Deus, que nos reconciliou consigo mesmo por meio de Cristo e nos deu o ministério da reconciliação, a saber, que Deus estava em Cristo reconciliando consigo o mundo, não imputando aos homens as suas transgressões, e nos confiou a palavra da reconciliação (5:18,19).

Esse é o nosso tema. Esse é o nosso lema, anunciado diante das pessoas da Terra: Você pode se reconciliar com Deus por meio da fé em Jesus Cristo. Com isso, como nossa mensagem e ministério, nos tornamos o que Paulo chama de embaixadores de Cristo, Seus representantes para o mundo.

De sorte que somos embaixadores em nome de Cristo, como se Deus exortasse por nosso intermédio. Em nome de Cristo, pois, rogamos que vos reconcilieis com Deus. Aquele que não conheceu pecado, ele o fez pecado por nós; para que, nele, fôssemos feitos justiça de Deus (5:20,21).

Em poucas palavras, essa é a mensagem do evangelho.

Contribuição e serviço realizados pela Igreja

Nos capítulos 8 e 9, encontramos a declaração de Paulo sobre o ministério de contribuição e serviço da Igreja. Por causa da grande fome em Jerusalém, Paulo estava fazendo uma coleta para o sustento dos santos naquela cidade. Doar, disse Paulo, é a prova do verdadeiro amor cristão, e ele apelou aos irmãos de Corinto para abrirem seus corações para doar, da mesma forma como receberam de Jesus Cristo:

> ...*pois conheceis a graça de nosso Senhor Jesus Cristo, que, sendo rico, se fez pobre por amor de vós, para que, pela sua pobreza, vos tornásseis ricos* (8:9).

Aqui, como em muitos lugares nas Escrituras, vemos um paradoxo espiritual em ação: o cristianismo age na pobreza, enriquecendo a muitos. Jesus, o Criador do Universo, deixou de lado Suas riquezas e adentrou em Sua criação, em estado de pobreza, a fim de enriquecer a todos com Sua graça. Ele é o nosso padrão. Devemos doar para enriquecer os outros com a graça de Jesus Cristo.

Essa passagem não é uma justificativa para grandes campanhas financeiras ou esforços para constranger os cristãos a doar. Na economia de Deus, ninguém deve ser colocado sob qualquer coação. Devemos doar de acordo com a consciência pessoal. Como Paulo escreve:

> *E isto afirmo: aquele que semeia pouco pouco também ceifará; e o que semeia com fartura com abundância também ceifará. Cada um contribua segundo tiver proposto no coração, não com tristeza ou por necessidade; porque Deus ama a quem dá com alegria. Deus pode fazer-vos abundar em toda graça, a fim de que, tendo sempre, em tudo, ampla suficiência, superabundeis em toda boa obra* (9:6-8).

Você já se atreveu a testar o plano econômico de Deus? Sua Palavra é tão verdadeira na contemporaneidade como fora no primeiro século.

Autoridade e liderança eclesiástica sábia

Nos capítulos 10, 11 e 12, o tom de Paulo muda quando ele começa a referir-se à minoria rebelde de cristãos de Corinto, que se recusava a aceitar a autoridade de seu ministério. É importante notar que Paulo não estava confrontando a desobediência deles em relação a ele, mas em relação a Deus. Esses falsos mestres tinham se exaltado com base em sua linhagem e instrução. Eram orgulhosos e arrogantes, e por isso Paulo confrontou a base de suas alegações de serem líderes do povo.

De forma irônica, quase sarcástica, Paulo mostra a esses líderes pretensiosos a verdadeira base de autoridade; e ele o faz, contrastando as credenciais que mantinham como importantes (posição, origem, títulos acadêmicos) com as credenciais que Deus vê como importantes (o conhecimento do próprio Deus). Paulo diz, de fato, "se vocês insistirem em ficar impressionados com estes símbolos mundanos de autoridade, bem que eu podia me gabar diante de vocês também. Se eu o fizesse, eu seria um tolo. Mas já que vocês estão tão impressionados com tais coisas, muito bem, vou jogar o seu joguinho tolo e me gabar um pouco. Vou dizer-lhes o que Deus tem feito através de mim".

Com isso, chegamos a uma grande passagem no capítulo 11:

> *Ingloriamente o confesso, como se fôramos fracos. Mas, naquilo em que qualquer tem ousadia (com insensatez o afirmo), também eu a tenho. São hebreus? Também eu. São israelitas? Também eu. São da descendência de Abraão? Também eu. São ministros de Cristo? (Falo como fora de mim.) Eu ainda mais: em trabalhos, muito mais; muito mais em prisões; em açoites, sem medida; em perigos de morte, muitas vezes. Cinco vezes recebi dos judeus uma quarentena de açoites menos um; fui três vezes fustigado com varas; uma vez, apedrejado; em naufrágio, três vezes; uma noite e um dia passei na voragem do mar; em jornadas, muitas vezes; em perigos de rios, em perigos de salteadores, em perigos entre patrícios, em perigos entre gentios, em perigos na cidade, em perigos no deserto, em perigos no mar, em perigos entre falsos irmãos; em trabalhos e fadigas, em vigílias, muitas vezes; em fome e sede, em jejuns, muitas vezes; em frio e nudez. Além das coisas exteriores, há o que pesa sobre mim diariamente, a preocupação com todas as igrejas. Quem enfraquece, que também eu não enfraqueça? Quem se escandaliza, que eu não me inflame? Se tenho de gloriar-me, gloriar-me-ei no que diz respeito à minha fraqueza* (11:21-30).

Credenciais inacreditáveis! No entanto, Paulo rapidamente acrescenta que essas credenciais não passam de mera loucura — nada além de vã ostentação. Na verdade, o que ele diz é "não é nisso que minha autoridade se baseia. Se vocês realmente querem saber em que minha autoridade se baseia e de onde o verdadeiro poder espiritual vem, deixe-me dizer-lhes como comecei a aprender a lição. Isso não vai soar muito impressionante, mas quero que vocês saibam que estou dizendo a verdade. Este é o acontecimento do qual eu mais me gabo do que tudo na vida — o momento em que comecei a aprender o segredo do verdadeiro poder".

Começando com 11:31, Paulo descreve quando ele teve que ser baixado pelos muros da cidade de Damasco, só para que pudesse escapar na escuridão dos guardas do rei Aretas que o perseguiam — como se ele fosse um ladrão comum! Essa não é uma história de grande vitória e heroísmo — é uma história de derrota e desânimo. No entanto, essa é a forma como Paulo aprendeu o segredo da vida cristã vitoriosa: "Quando sou fraco, então, é que sou forte".

Ele continua no 12:6-10 a descrever seu espinho na carne — algum aspecto feio e doloroso de sua vida, talvez uma deformidade física — e como ele orou fervorosamente, três vezes, para que Deus o removesse. Mas Deus permitiu que Paulo continuasse com seu espinho na carne:

> *Então, ele me disse: A minha graça te basta, porque o poder se aperfeiçoa na fraqueza. De boa vontade, pois, mais me gloriarei nas fraquezas, para que sobre mim repouse o poder de Cristo. Pelo que sinto prazer nas fraquezas, nas injúrias, nas necessidades, nas perseguições, nas angústias, por amor de*

Cristo. Porque, quando sou fraco, então, é que sou forte (12:9,10).

Esse é o segredo da verdadeira força do cristão — não força exterior, nem certificados e títulos ou prêmios. O poder espiritual vem do coração de seres humanos humildes que vivem dependentes do Senhor ressurreto. Quanto mais fraco você estiver, mais forte Cristo poderá ser em sua vida. Em uma epístola rica de significado, essa é talvez a mais rica de todas as verdades: Nossa força vem de nossas fraquezas — a força de Cristo.

Paulo encerra a epístola dirigindo-se às pessoas em Corinto, assim como se dirige a nós hoje:

Examinai-vos a vós mesmos se realmente estais na fé; provai-vos a vós mesmos. Ou não reconheceis que Jesus Cristo está em vós? Se não é que já estais reprovados (13:5).

Você realmente acredita e confia em Deus, mesmo em seus momentos de provação e fraqueza? Você está contando com a força de Deus em vez de contar com a sua própria? Você está ousando corajosamente fazer coisas grandes para Ele — não de maneira tola, mas com confiança, sabendo que Ele o levou onde você está e quer usá-lo em sua fraqueza, de modo que Seu poder e força possam ser demonstrados ao mundo que o observa? Esse é o grande segredo da verdadeira vida cristã:

Nossa fraqueza — Sua força!

PERGUNTAS PARA DISCUSSÃO

2 CORÍNTIOS
Quando sou fraco, então, é que sou forte

1. Leia 2Co 1:1-11. Paulo começa falando sobre as dificuldades e os sofrimentos que ele suportou, e também sobre a fidelidade de Deus que o livrou de suas dificuldades repetidamente. Por que você acha que Paulo queria que os coríntios soubessem sobre as dificuldades deles? Como podemos ser mais sensíveis e encorajadores em relação a outros cristãos que estão passando por provações e sofrimentos?

2. Leia 2Co 3:6-11, em que Paulo contrasta a antiga aliança com a nova. Quais são algumas maneiras em que a nova aliança é superior à antiga?

3. Leia 2Co 4:7-12. Por que Deus colocou esse "tesouro" em "vasos de barro"? Qual é esse tesouro? O que são os vasos de barro? Por que Paulo mais uma vez fala sobre suas dificuldades e sofrimentos nos versículos 8-12?

Leia 2Co 4:18. Que perspectiva esse versículo nos dá sobre os nossos sofrimentos?

4. Leia 2Co 5:1-4. O que espera o cristão após a morte (ou no retorno de Cristo)? Que perspectiva esta esperança nos dá sobre os nossos sofrimentos?

5. Leia 2Co 5:18–6:2. Qual é o grande ministério que o Senhor Jesus Cristo confiou a nós? O que devemos fazer a fim de cumprir esse ministério? O que significa ser reconciliado com Deus? O que significa a expressão: "não recebais em vão a graça de Deus"? Como podemos ter certeza de que não recebemos a graça de Deus em vão?

6. No capítulo 10, o tom de Paulo muda. Ele aborda um problema envolvendo uma minoria de membros da igreja de Corinto que foram desviados por alguns pregadores visitantes que se opunham ao apóstolo Paulo. Nos versículos 3-6, Paulo compara o ministério da Igreja à batalha. Nessa analogia, o que são as "fortalezas" que precisam ser demolidas e capturadas? Que tipo de vitória Paulo procura atingir?

APLICAÇÃO PESSOAL

7. Leia 2Co 9:6-8. Qual é o plano econômico de Deus? Como o Seu plano econômico difere das teorias econômicas e filosofias do mundo? Você se atreveu a testar o plano econômico de Deus? Por que ou por que não? Explique

8. Leia 2Co 11:1-4, com Gl 1:6-9. O que aconteceu nas igrejas de Corinto e da Galácia que surpreendeu e chocou Paulo? O que essas igrejas começaram a tolerar? Isso ainda é um perigo na Igreja de hoje? "Outro Jesus" está sendo pregado hoje nos púlpitos ou nas rádios e TV?

Você já foi "enganado" por um falso mestre pregando um "falso Jesus"? Como você se sentiu quando descobriu seu erro? Como podemos distinguir quem, de fato, é falso mestre e quem está ensinando a verdade?

9. Leia 2Co 11:16–12:10. Mais uma vez, Paulo fala sobre suas dificuldades e sofrimentos. Ele, jocosamente, até mesmo "se gaba" de seus sofrimentos, dizendo: "falo como por loucura". Mas ele ressalta algo importante. À medida que você lê sobre os sofrimentos de Paulo listados nos versículos 23-29, por que você acha que ele devia "se gabar" dessas dificuldades?

No início do capítulo 12, Paulo fala sobre seu "espinho na carne". Por que Deus não respondeu à oração de Paulo e o curou? O que mudou a atitude de Paulo em relação ao seu "espinho na carne"?

Qual é o seu "espinho na carne", a sua provação que nada, nem mesmo a oração, o extrai? Qual é a sua atitude com relação a essa provação? O que pensa sobre o que Deus quer que você aprenda por meio dessa provação? Você acredita que Deus pode aperfeiçoar Sua força em sua fraqueza? Explique sua resposta.

Observação: Para uma pesquisa mais aprofundada das epístolas de 1 e 2 Coríntios, leia: *Letters to a Troubled Church: 1 and 2 Corinthians* (Cartas a uma igreja problemática: 1 e 2 Coríntios), escrito por Ray C. Stedman (Discovery House Publishers, 2007). *Authentic Christianity: The Classic Bestseller on Living the Life of Faith with Integrity* (Cristianismo autêntico: O clássico *bestseller* sobre viver com fé e integridade), escrito por Ray C. Stedman (um estudo em 2 Coríntios, Discovery House Publishers, 1996).

Rolinha, Jardim do Túmulo de Jesus

GÁLATAS

CAPÍTULO 5

Como ser livre

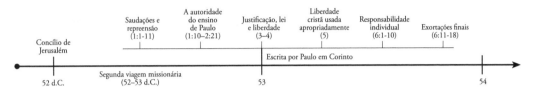

Dois dos grandes líderes da Revolução Americana de 1776 foram Benjamin Franklin, americano de nascimento, e o inglês Thomas Paine. Certa vez, enquanto esses dois homens discutiam suas paixões pela crença na liberdade, Franklin comentou: "Onde quer que haja liberdade, ali estará o meu país".

Paine respondeu: "Onde quer que não haja liberdade, ali estará o meu país". Paine estava comprometido a ir onde quer que houvesse opressão e injustiça e a tentar trazer liberdade para esses países. E assim o fez, apaixonadamente trabalhou pela liberdade — pagando um grande custo pessoal — na Inglaterra, Estados Unidos e França.

A atitude de Paine era muito parecida com a do apóstolo Paulo, conforme expressa em sua carta aos Gálatas. Ver tanto a opressão política quanto a religiosa de todos os lados, ver pessoas aprisionadas pelo direito romano e o legalismo judaico levaram Paulo a perceber que grande parte de sua missão era ir onde não havia liberdade, a fim de levar liberdade às pessoas cujo espírito e alma estavam aprisionados.

Nossa "declaração de emancipação" espiritual

Gálatas é, provavelmente, a epístola mais vibrante do Novo Testamento, cheia de linguagem vívida e forte. Está estreitamente relacionada com as epístolas de Paulo aos Romanos e Hebreus. Estas três cartas do Novo Testamento — Romanos, Gálatas e Hebreus — formam o que pode ser considerado um comentário inspirado a respeito de um único versículo do Antigo Testamento:

...o justo viverá pela sua fé (Hc 2:4).

Tanto Romanos quanto Gálatas e Hebreus citam este versículo de Habacuque, e cada um

> **OBJETIVOS DO CAPÍTULO**
>
> A epístola de Paulo aos Gálatas é o seu grande tratado sobre nossa liberdade em Jesus Cristo. Este capítulo explora a declaração de Paulo sobre ser independente do legalismo religioso e escravidão. Hoje, como nos dias de Paulo, há aqueles que roubariam nossa liberdade em Cristo. Enquanto outras religiões do mundo nos prenderiam a uma ou outra forma de legalismo, a mensagem de Paulo em Gálatas é que *Jesus Cristo nos libertou.*

apresenta um aspecto diferente ou dimensão dessa profunda verdade. Em Romanos, Paulo coloca a ênfase nas palavras "o justo", detalhando o que significa ser justo e como uma pessoa se torna justificada diante de Deus e declarada justa em Cristo. A epístola aos Romanos libertou Martinho Lutero de seu terrível legalismo e mostrou-lhe a verdade da graça de Deus através da fé.

Em Hebreus, a ênfase está sobre as últimas palavras "pela [...] fé". Hebreus é o grande tratado do Novo Testamento sobre a fé, culminando naquela parte memorável sobre os heróis da fé no capítulo 11, demonstrando que a salvação sempre foi pela graça por meio da fé, em ambos os Testamentos: Antigo e Novo.

Em Gálatas, Paulo coloca a ênfase nas palavras "viverá", à medida que ele enfrenta a questão do que significa viver verdadeiramente a vida cristã. A resposta pode ser enquadrada em uma única palavra: liberdade. Gálatas é a carta sobre a liberdade cristã, a expressão mais completa de vida e fé.

Como cristãos, somos chamados à liberdade em Jesus Cristo. O objetivo desta carta é possibilitar que os cristãos descubram a liberdade de viver de acordo com tudo o que Deus planejou para eles. Paulo quer que experimentemos a liberdade ao máximo em nosso espírito, restritos apenas no que for necessário para harmonizar-se com os propósitos de Deus.

Por isso, é com razão que essa carta tem sido chamada de Declaração de Direitos da Vida Cristã ou a Carta Magna da Liberdade Cristã, ou ainda Nossa Proclamação de Emancipação Espiritual. A mensagem de Gálatas nos liberta de todas as formas de legalismo e aprisionamento na vida cristã.

A identidade singular de Gálatas

Ao contrário das cartas que Paulo escreveu às igrejas individuais, tais como suas cartas a Corinto e Éfeso, esta epístola é dirigida a certo número de igrejas em uma extensa região. Na introdução à carta podemos ler:

Paulo, apóstolo, não da parte de homens, nem por intermédio de homem algum, mas por Jesus Cristo e por Deus Pai, que o ressuscitou dentre os mortos, e todos os irmãos meus companheiros, às igrejas da Galácia (1:1,2).

As igrejas da Galácia, descritas em Atos 13 e 14, foram estabelecidas por Paulo em sua primeira viagem missionária, quando ele viajou com Barnabé para as cidades de Antioquia, Icônio, Derbe e Listra. Em Listra, ele foi logo recebido e honrado como um deus, em seguida apedrejado e arrastado para fora da cidade e deixado como morto. Na verdade, ele experimentou perseguição em cada uma das cidades na região da Galácia.

A antiga Galácia era uma região montanhosa no centro da Ásia Menor, que agora é conhecida como Turquia. A Galácia recebeu este nome por causa dos gauleses, que tinham vindo originalmente da área que conhecemos hoje como França. Cerca de 300 anos antes de Cristo, os gauleses invadiram o Império Romano e saquearam a cidade de Roma. Depois, eles cruzaram a fronteira norte da Grécia e continuaram através dos estreitos de Dardanelos na Ásia Menor. A convite de um dos reis da região, eles se estabeleceram lá.

Portanto, os gálatas não eram árabes nem turcos nem asiáticos. Eles eram uma raça celta, de ascendência semelhante a dos

A CARTA DE GÁLATAS

O evangelho da liberdade (Gálatas 1–4)

Introdução — Por que os Gálatas abandonaram
o evangelho da liberdade?... 1:1-9

O evangelho de liberdade veio diretamente de Deus 1:10-24

O evangelho de liberdade confirmado em
Jerusalém e pela repreensão de Paulo em Pedro 2

A salvação vem pela fé, não por obras nem pela lei 3–4

Como viver livremente (Gálatas 5–6)

Permaneçam firmes em sua liberdade 5:1-12

Em liberdade, amem uns aos outros 5:13-15

Andem no Espírito, e não na carne 5:16-21

O fruto do Espírito 5:22-26

Vivam livremente, façam o bem a todos,
cuidem uns dos outros 6:1-10

Conclusão, incluindo uma maldição sobre aqueles
que impõem seu legalismo sobre os cristãos que
estão debaixo da graça .... 6:11-18.

escoceses, irlandeses, bretões e franceses. Júlio César, em seu Comentários sobre a Guerra da Gália, escreveu: "A enfermidade dos gauleses é que eles são inconstantes em suas resoluções e apreciadores de mudanças, e não são confiáveis". O historiador francês Augustin Thierry escreveu sobre os gauleses: "Francos, impetuosos, impressionáveis, eminentemente inteligentes, mas ao mesmo tempo, extremamente mutáveis, inconstantes, apreciadores de demonstrações, constantemente briguentos, tudo fruto de vaidade excessiva".

Em sua segunda viagem missionária, acompanhado desta vez por Silas, Paulo novamente visitou as cidades da Galácia e as igrejas que tinham sido estabelecidas lá. Em sua segunda viagem, Paulo passou um tempo considerável em várias cidades da região devido a uma enfermidade. Ele se refere a essa enfermidade de forma um tanto indireta nesta carta. Evidentemente que era algum tipo de problema grave nos olhos, pois ele diz aos Gálatas:

> *E, posto que a minha enfermidade na carne vos foi uma tentação, contudo, não me revelastes desprezo nem desgosto; antes, me recebestes como anjo de Deus, como o próprio Cristo Jesus. Que é feito, pois, da vossa exultação? Pois vos dou testemunho de que, se possível fora, teríeis arrancado os próprios olhos para mos dar* (4:14,15).

Alguns estudiosos da Bíblia acham que Paulo estava com os olhos inflamados, o que tornava sua aparência repulsiva. No entanto, esses Gálatas o receberam com grande alegria, tratando-o como se fosse um anjo de Deus ou mesmo o próprio Cristo Jesus. Eles se regozijaram no evangelho da graça que o apóstolo transmitira, pois ele os revelou — com grande clareza — a obra do Senhor crucificado. Como resultado, eles tinham entrado na plenitude da vida pelo Espírito e tinham recebido o amor, a alegria e a paz que Jesus Cristo concede quando Ele adentra ao coração humano.

A ira do apóstolo

Porém, enquanto Paulo escrevia esta carta (provavelmente na cidade de Corinto), algo muito errado acontecia na Galácia. Certas pessoas, a quem Paulo denomina em outro lugar de "lobos" (veja At 20:29), haviam se infiltrado entre os cristãos da Galácia e os faziam desviar-se para longe do evangelho que Paulo lhes tinha pregado. Quem eram esses lobos? Eram os judaizantes — extremos legalistas que vieram de Jerusalém com o que Paulo chama de "outro evangelho", uma mistura de cristianismo e práticas do judaísmo. O evangelho dos judaizantes não era apenas um evangelho completamente diferente, mas uma perversão do verdadeiro evangelho.

Os cristãos gentios tinham recebido de Paulo o evangelho de Jesus Cristo, que era novo e libertador. Agora, esses lobos declaravam um evangelho de escravidão, de regras e rituais. A fim de se tornarem cristãos genuínos, segundo eles, os gentios teriam que ser circuncidados, guardar a Lei de Moisés e obedecer a todos os regulamentos do Antigo Testamento.

Como ficavam Jesus Cristo e Sua obra completa na cruz? Bem, os judaizantes não tinham deixado totalmente Jesus de lado. Em vez disso, eles mantiveram uma camada exterior de cristianismo, mas no centro de seu falso evangelho não estavam a graça nem a fé; estavam as obras. Ao Senhor Jesus Cristo foi relegado um lugar secundário no evangelho.

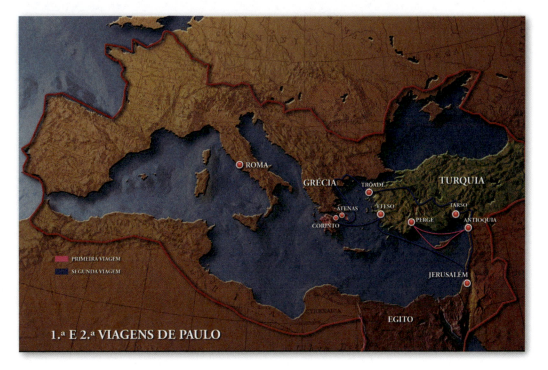

1.ª E 2.ª VIAGENS DE PAULO

Cumprir as regras e rituais da Lei de Moisés era primordial.

Além disso, os judaizantes minaram a autoridade apostólica de Paulo. Eles o desafiaram por ele ser (na opinião deles) independente, pouco confiável e excessivamente entusiasmado. Eles até afirmaram que ele tinha se formado no seminário errado! Eles estavam tentando influenciar os gálatas a rejeitarem a autoridade apostólica de Paulo.

Paulo ficou muito aborrecido com estas notícias e sua ira é demonstrada em alto e bom som nestas palavras:

Mas, ainda que nós ou mesmo um anjo vindo do céu vos pregue evangelho que vá além do que vos temos pregado, seja anátema (1:8).

Para ser bem franco, Paulo diz que qualquer um que prega um evangelho diferente daquele que ele pregou deve ser condenado ao inferno. Isso não deixa dúvida sobre a força dos sentimentos do apóstolo sobre este assunto. Ele repete a mesma maldição no versículo seguinte:

Assim, como já dissemos, e agora repito, se alguém vos prega evangelho que vá além daquele que recebestes, seja anátema (1:9).

Quando ouvimos palavras como *condenado*, pensamos em maldições e insultos. Mas Paulo não está sendo profano. Ele está apenas afirmando que qualquer um que pregue um evangelho diferente já está condenado, pois tais pessoas rejeitam a verdade da graça de Jesus Cristo. Aqueles que rejeitam Sua graça e procuram trilhar seu próprio caminho para chegar a Deus por meio de rituais ou boas obras já estão amaldiçoados.

No final da carta, as emoções de Paulo se voltam contra aqueles que pregam a circuncisão e o legalismo, em vez de pregarem a graça libertadora de Jesus.

Tomara até se mutilassem os que vos incitam à rebeldia (5:12).

Em outras palavras: "Já que os judaizantes são tão zelosos para colocar os cristãos sujeitos à escravidão da circuncisão, desejo que, enquanto eles estiverem fazendo isso, eles removam completamente sua masculinidade!".

Aqui você pode ver claramente o fogo que incendeia toda essa carta. O apóstolo está profundamente incomodado. De fato, Paulo é tão intenso e apaixonado que ele nem mesmo consegue esperar por um secretário para tomar nota do que ele diz. Apesar de sua visão limitada, ele dolorosa e indignadamente rabisca essa epístola de próprio punho em letras grandes.

Por que o apóstolo está tão irado com esses judaizantes? Porque perverteram a pureza do evangelho. E ao fazê-lo, eles tentaram reescravizar aqueles que estão acabando de se tornar livres através da graça de Jesus Cristo. Eles estão desfazendo tudo que o próprio Paulo está realizando por meio da pregação do evangelho que diz: a salvação é pela graça mediante a fé em Jesus Cristo.

O evangelho é a simplicidade em si mesmo: primeiro, Cristo entregou-se por nossos pecados — isso é *justificação*; segundo, Cristo entregou-se para nos livrar do mal desta era — isso é *santificação*. Tudo isso é pela graça e não pelas obras. É o ataque deles a essas verdades que perturbaram tão profundamente o apóstolo. Ele sabe que injetar legalismo no cristianismo mata a própria pulsação do coração do evangelho e leva as pessoas de volta à servidão, ao fracasso e à miséria.

Estes dois aspectos do evangelho — justificação e santificação — formam o esboço básico da carta aos Gálatas.

O evangelho da liberdade

Os capítulos 1 a 4 dessa epístola tratam da justificação pela fé. Cristo morreu por nossos pecados — essa é a declaração básica do evangelho, as boas-novas de que Cristo tomou sobre si os nossos pecados. Portanto, Paulo defende essas boas-novas em Gálatas 1.

Primeiro, ele mostra que o evangelho foi revelado a ele diretamente por Jesus Cristo e que ele não o recebeu de ninguém, nem mesmo dos apóstolos. O próprio Cristo apareceu e lhe contou essas boas-novas. Paulo escreve:

Faço-vos, porém, saber, irmãos, que o evangelho por mim anunciado não é segundo o homem, porque eu não o recebi, nem o aprendi de homem algum, mas mediante revelação de Jesus Cristo (1:11,12).

Segundo, os outros apóstolos reconheceram que o evangelho de Paulo era o mesmo evangelho que eles haviam recebido de Cristo. Algumas pessoas afirmaram que Paulo pregou um evangelho diferente daquele que Pedro, Tiago, João e os outros pregaram — que o evangelho de Paulo é superior ao deles. Porém, o próprio Paulo nessa carta diz que 14 anos depois de sua conversão, ele subiu a Jerusalém e teve a oportunidade de comparar suas anotações com as dos outros apóstolos. Quando ele fez isso, os outros apóstolos ficaram maravilhados ao descobrir que esse homem, que não tinha feito parte do grupo original dos doze, sabia tanto sobre a verdade do evangelho quanto eles. Na verdade, ele sabia até do que tinha acontecido em segredo, reuniões particulares que eles tinham tido com o Senhor Jesus Cristo. Pode-se ver um exemplo disso em 1 Coríntios, onde o apóstolo descreve a Ceia do Senhor. Ele diz:

> *Porque eu recebi do Senhor o que também vos entreguei: que o Senhor Jesus, na noite em que foi traído, tomou o pão; e, tendo dado graças, o partiu e disse: Isto é o meu corpo, que é dado por vós; fazei isto em memória de mim* (1Co 11:23,24).

Como Paulo sabia de tudo isso? Ele o recebeu diretamente do Senhor Jesus. Assim, quando Pedro, Tiago e João ouviram que esse homem sabia tanto quanto eles sobre o que tinha acontecido no Cenáculo, eles reconheceram que ali, na verdade, estava um homem chamado por Deus. Seu apostolado, que veio diretamente de Jesus Cristo, se baseava nesse fato.

Terceiro, não só foi revelado a ele por Cristo e reconhecido pelos outros apóstolos, mas foi justificado quando Pedro chegou a Antioquia.

Pedro, o aparente líder dos apóstolos, cometeu um erro em Antioquia. Pode-se ler a história em Gálatas 2:11-21. A dificuldade entre Pedro e Paulo envolvia a questão de ingerir comida *kosher versus* comida gentia. Pedro era judeu, foi criado sem comer nada além de comida *kosher*. Mas quando ele se tornou um seguidor de Cristo, ele comia com os gentios e, assim, demonstrava a liberdade que tinha em Cristo.

Porém, quando certos líderes chegaram de Jerusalém, Pedro começou a ceder e voltou a comer somente com judeus, dessa forma, negando a própria liberdade que ele tinha anteriormente proclamado. Paulo ficou irado com Pedro e o confrontou publicamente. Pense nisso! Este apóstolo independente desafiou Pedro, a Pedra — e, ao fazê-lo, Paulo defendeu o evangelho.

Salvação pela fé, não pelas obras

Nos capítulos 2 a 4, Paulo nos mostra que o evangelho é sobre a salvação pela fé e não pelas obras. Não podemos fazer nada para garantir a nossa salvação. Jesus fez tudo. Além disso, a salvação é o resultado de uma promessa e não da Lei. Essa promessa é anterior à Lei de Moisés, que foi dada a Abraão 400 anos antes de Moisés nascer. A Lei, portanto, não pode alterar a promessa.

Paulo também mostra que aqueles que estão em Cristo são filhos, não escravos. Eles não são mais servos; eles são parte da família de Deus. Paulo, então, explica um evento da história do Antigo Testamento — a história dos dois filhos de Abraão, um nascido de Agar, uma escrava; o outro nascido de sua esposa Sara, uma mulher livre. O filho da escrava nasceu "segundo a carne", disse Paulo. O filho da livre nasceu "mediante a promessa". Em seguida, ele explica o significado alegórico desse evento histórico de Gênesis.

> *Estas coisas são alegóricas; porque estas mulheres são duas alianças; uma, na verdade, se refere ao monte Sinai, que gera para escravidão; esta é Agar. Ora, Agar é o monte Sinai, na Arábia, e corresponde à Jerusalém atual, que está em escravidão com seus filhos. Mas a Jerusalém lá de cima é livre, a qual é nossa mãe [...]. Vós,*

porém, irmãos, sois filhos da promessa, como Isaque. Como, porém, outrora, o que nascera segundo a carne perseguia ao que nasceu segundo o Espírito, assim também agora. Contudo, que diz a Escritura? Lança fora a escrava e seu filho, porque de modo algum o filho da escrava será herdeiro com o filho da livre. E, assim, irmãos, somos filhos não da escrava, e sim da livre (4:24-26,28-31).

Em outras palavras, aqueles que são escravos da Lei e do legalismo não podem compartilhar a herança daqueles que são livres, que são salvos pela graça de Deus que é recebida pela fé. Aqueles que vivem sob o legalismo são filhos da antiga aliança, e são filhos da escravidão. Aqueles que vivem sob a graça da nova aliança são livres, e são filhos da promessa. Nós, que somos livres, somos como "a Jerusalém do céu", e pertencemos ao que o apóstolo João chamou de "...a cidade santa, a nova Jerusalém, que descia do céu..." (Ap 21:2).

Com essa alegoria e essas figuras de linguagem, Paulo declara uma grande verdade: Somos justificados pela graça através da fé, não pelas obras, não pela Lei. E porque estamos justificados pela graça de Deus apenas, em cumprimento da promessa e da nova aliança, somos livres.

Essa é a verdade que libertou a alma de Martinho Lutero, o monge de Wittenberg que afixou suas 95 Teses na porta da Igreja do castelo e assim começou o que chamamos de a Reforma Protestante. Lutero tinha tentado encontrar seu caminho para o céu através de obras. Ele tinha feito tudo o que a Igreja de sua época exigia. Ele havia tentado jejum, indulgências, sacramentos, a intercessão dos santos, penitências e confissões. Ele fazia longas vigílias noturnas e dias de trabalho pesado, mas quanto mais ele trabalhava, mais sua angústia interior aumentava.

Por fim, desesperado, ele foi ao líder de sua ordem agostiniana para se aconselhar. O idoso líder da ordem pouco sabia sobre a Palavra de Deus — tamanha era a miserável condição da Igreja organizada naquela época. No entanto, aquele homem disse a Lutero uma coisa: "Coloque sua fé não em si mesmo, mas nas chagas de Cristo".

Um fraco raio de luz brilhou sobre a alma perturbada de Martinho Lutero. Mas nada aconteceu até o momento em que ele estava em seu pequeno quarto na torre, preparando palestras sobre os Salmos para seus alunos, e a plena luz brilhou sobre ele. Ele foi impactado por um versículo de Salmos:

Em ti, Senhor, me refugio; não seja eu jamais envergonhado; livra-me por tua justiça (Sl 31:1).

Este versículo atraiu o coração de Martinho Lutero quando ele, de repente, percebeu que a justiça de Deus era, para ele, uma coisa terrível. Ele a viu como um justo juízo inflexível pelo qual Deus destruiria todos os que não conseguissem alcançar a medida da santidade de Deus. Lutero disse que ele chegou até mesmo a odiar a palavra justiça.

Porém, então, quando ele começou a investigar a Palavra, ela o levou à epístola aos Romanos onde ele leu: *O justo viverá por fé*. Isso incendiou o seu coração, e ele entendeu pela primeira vez que Alguém já havia pago o preço pelo pecado, para que ele não tivesse que pagá-lo. Cristo entrou na raça humana e levou nossa culpa para que Deus possa, em justiça, nos aceitar — não de acordo com nosso mérito, mas de acordo com o dele.

Martinho Lutero nunca mais foi o mesmo homem novamente. Essa descoberta o levou a desafiar o sistema de indulgências e todas as outras práticas legalistas que mantinham as pessoas aprisionadas à Igreja organizada e à letra da Lei.

Como viver livremente

É interessante, como alguém destacou, que cada uma das religiões humanas conhecidas seja uma religião baseada em obras — exceto o evangelho de Jesus Cristo! O hinduísmo diz que se renunciarmos ao mundo e nos relacionarmos com o "espírito do universo", finalmente encontraremos nosso caminho para a paz. O budismo apresenta oito princípios pelos quais os seres humanos devem andar e, assim, encontrar o caminho para a salvação. O judaísmo diz que devemos guardar a Lei e assim seremos salvos. O islamismo diz que uma pessoa deve orar cinco vezes ao dia, dar esmolas, jejuar durante o mês do Ramadã e obedecer aos mandamentos de Alá. O unitarianismo diz que ter um bom caráter pode nos salvar. O humanismo moderno diz que a salvação é alcançada por meio do serviço humanitário.

Todos são sistemas de obras. Em todos os casos, a salvação é alcançada pelo esforço humano. Mas as boas-novas do evangelho é que Jesus Cristo já fez tudo isso! Só Ele *fez* o que ninguém pode fazer — *e Ele nos libertou.*

Em Gálatas 5 e 6, Paulo se volta para o segundo e igualmente importante aspecto do evangelho, resumido nas seguintes palavras:

[O Senhor Jesus Cristo] se entregou a si mesmo pelos nossos pecados, para nos desarraigar deste mundo perverso, segundo a vontade de nosso Deus e Pai (1:4).

O cristianismo não é apenas ir para o céu ao morrer (justificação). Também é viver agora no presente (santificação). É ser liberto da servidão

SISTEMAS DE SALVAÇÃO EXISTENTES NO MUNDO	
HINDUÍSMO	Alcança-se a salvação pela renúncia ao mundo e pelo relacionamento com o "espírito do universo".
BUDISMO	Aquele que tem os oito princípios é salvo (visão correta, pensamento correto, linguagem correta, ação correta, modo de vida correto, esforço correto, mente correta, concentração correta).
JUDAÍSMO	Quem guarda a Lei tem a salvação.
ISLAMISMO	Para obter a salvação deve-se: orar cinco vezes ao dia, entregar esmolas, jejuar durante o mês do Ramadã e obedecer aos mandamentos de Alá.
UNITARIANISMO	O bom caráter traz a salvação.
HUMANISMO	O serviço humanitário garante a salvação.

do mundo e de seus caminhos maus e perversos. É ser liberto aqui e agora. Isso, também, é pelo dom de Jesus Cristo. Ele veio não só para nos livrar da morte, mas também do mal no presente século. De que maneira Ele nos liberta aqui e agora? Vivendo Sua vida através de nós. Essa é a chave para a santificação.

Sabemos que esse século é mau. Sentimos suas pressões para nos conformar, baixar nossos padrões, acreditar em todas as mentiras anunciadas pela TV, filmes, música e pessoas ao nosso redor. Mas caímos na armadilha de pensar que podemos nos livrar a nós mesmos.

Então, criamos nossos programas cristãos, enchemos nossos dias com atividade, ensinamos na escola bíblica, cantamos no coral, fazemos parte de um estudo bíblico ou de um grupo cristão — e pensamos que somos livres. Todas essas coisas são boas, é claro, mas elas não nos salvam. Se pensarmos que somos salvos por todas as boas obras religiosas que praticamos, ainda estamos aprisionados. Estamos ainda mergulhados no galacianismo — somos salvos pela graça, mas, após isto, somos guardados pela Lei. Estamos vivendo pelas obras — não pela fé.

Nos dois capítulos finais de Gálatas, vemos que toda a questão de nossa caminhada cristã é repudiar o viver na carne, com seu egocentrismo, e confiar na obra do Espírito de Deus para reproduzir em nós a vida de Jesus Cristo. Isso tudo é resumido em um dos versículos mais conhecidos de toda a carta:

> ...logo, já não sou eu quem vive, mas Cristo vive em mim; e esse viver que, agora, tenho na carne, vivo pela fé no Filho de Deus, que me amou e a si mesmo se entregou por mim (2:20).

O velho egocêntrico "eu" foi crucificado com Cristo para que o ego não tenha mais nenhum direito de viver. A minha e a sua tarefa é a de repudiar o velho eu, exterminá-lo juntamente com "as obras da carne" — listadas no capítulo 5 — prostituição, impureza, lascívia, idolatria, feitiçarias (uma palavra que, no original grego, está ligada ao abuso de drogas para alteração da mente, alteração do humor, alteração de propósitos), inimizades, porfias, ciúmes, iras, discórdias, dissensões, facções, invejas, bebedices, glutonarias e coisas semelhantes a estas (vv.19-21). Todos esses atos e atitudes horríveis são as obras da carne, a antiga vida egocêntrica que Paulo declara foi julgada e extirpada na cruz, para ser substituída pela vida de Jesus Cristo que brilha através de nós.

Em vez de ser controlada pela carne, nossa vida deve evidenciar o crescente controle do Espírito Santo. A evidência de que Deus está gradativamente nos santificando e tomando, cada vez mais, o controle da nossa vida é encontrada em uma lista de qualidades de caráter que Paulo chama de "o fruto do Espírito" — amor, alegria, paz, longanimidade, benignidade, bondade, fidelidade, mansidão e domínio próprio (Gl 5:22,23).

Aqui entra a liberdade cristã. Você não começa a viver como Deus deseja que você viva até o fruto do Espírito ser consistentemente manifesto em sua vida. Qualquer coisa menos que isso é escravidão ao legalismo, com frustração, medo e fracasso decorrentes dela.

Em Gálatas 6, Paulo descreve como ser cheios do Espírito nos capacita a experimentar a verdadeira comunhão uns com os outros no Corpo de Cristo. Quando nossa vida evidencia o habitar do Espírito de Deus em nós, começamos a fazer as coisas que levam à totalidade e unidade no Corpo de Cristo: começamos a carregar os fardos uns dos outros, a restaurar um ao outro em mansidão e benignidade. Começamos a contribuir generosamente para atender as necessidades dos outros e começamos a semear no Espírito em vez de semear na carne.

O pós-escrito pessoal de Paulo

Paulo termina sua carta aos Gálatas com um dos pós-escritos pessoais mais intensos em todo o Novo Testamento. Ele escreve:

Vede com que letras grandes vos escrevi de meu próprio punho (6:11).

Dolorosamente rabiscando cada letra, dificultado por uma visão limitada, ele diz "não me glorio na minha carne como esses judaizantes o fazem. Eles adoram obrigar os outros a ser circuncidados. Para eles, cada circuncisão realizada é outro escalpo que podem pendurar em seus cintos como sinal de que fizeram algo para Deus. Não me glorio nas obras da carne. Eu me glorio apenas na Cruz de Cristo, que crucificou o 'velho homem' com toda a sua arrogância, ambição e egoísmo".

Paulo sabia que suas fortes palavras nessa carta suscitariam ira e oposição entre alguns na Igreja, mas ele estava pronto para isso, ele escreveu:

Quanto ao mais, ninguém me moleste; porque eu trago no corpo as marcas de Jesus (6:17).

Em outras palavras, "se alguém quiser dificultar minha vida — nem pense nisso! Minha vida como apóstolo tem me custado muito. Recebi o ódio e a perseguição de muitos. Trago no meu corpo as cicatrizes por servir ao Senhor Jesus".

Se você desafiar o mundo e seus modos — mesmo se você desafiar o mundanismo na Igreja — você irá receber oposição, ódio e perseguição. Você irradiará a luz da verdade de Deus sobre aqueles que amam a escuridão — e eles vão revidar.

Porém, tenha bom ânimo! Siga o exemplo de Paulo quando ele, de fato, diz: "Não faz nenhuma diferença para mim. Tenho cicatrizes, sou golpeado e espancado, mas me glorio no Senhor Jesus Cristo, que me ensinou o que é a verdadeira liberdade. Onde não houver liberdade, onde as pessoas estiverem mantidas em escravidão e opressão, é para lá que irei — e mostrarei o caminho para a liberdade em Cristo".

PERGUNTAS PARA DISCUSSÃO

GÁLATAS
Como ser livre

1. Leia Gl 1:11-24. Como Paulo estabeleceu o fato de que seu evangelho chegou a ele como uma revelação de Deus? Por que isso é importante?

2. Leia Gl 2:1-21. Qual foi a motivação de Paulo para confrontar Pedro? Concentre-se especialmente nos versículos 20 e 21. Como o argumento de Paulo sobre estar crucificado com Cristo nos ajuda a sermos libertos?

3. Leia Gl 3:15-25. Se o objetivo da Lei não era o de nos salvar, qual era seu propósito?

   Paulo escreve: Mas, tendo vindo a fé, já não permanecemos subordinados ao aio. Quer dizer então que a Lei do Antigo Testamento foi abolida e não precisamos mais obedecê-la? É essa a liberdade sobre a qual Paulo fala? Por quê?

4. Leia Gl 4:8-20. Por que Paulo está preocupado com os Gl? O que ele teme que eles façam? É possível que as pessoas que são livres em Cristo voltem à escravidão? Explique.

5. Leia Gl 5:2-12. O que a circuncisão significa neste contexto? O que há de errado em ser circuncidado? O que resultaria se os Gl praticassem a circuncisão?

   Leia Gl 5:13-15. De que maneira devemos, como cristãos, usar nossa liberdade?

6. Leia Gl 5:22-26. De onde vem o fruto do Espírito? Qual é o processo pelo qual o fruto do Espírito se torna evidente em nossa vida?

   O que Paulo quer dizer quando escreve: "Se vivemos no Espírito, andemos também no Espírito"?

APLICAÇÃO PESSOAL

7. Quando você olha para sua vida, você pode dizer honestamente que se sente "liberto" em Cristo? Por quê?

8. A mentalidade do mundo vê a satisfação dos desejos pecaminosos como "liberdade". Mas o apóstolo Paulo, em Gl 5:16,17, retrata a satisfação dos desejos pecaminosos como escravidão. Você concorda que a "liberdade" para pecar é realmente uma forma de "escravidão"? Você já experimentou "escravidão" por se envolver com o pecado? Explique sua resposta. O que o despertou para o fato de que você tinha sido escravizado por sua suposta "liberdade" para pecar?

9. Que medidas você pode adotar esta semana para consciente e intencionalmente desenvolver o fruto do Espírito (veja 5:22,23) em sua vida?

Cesareia vista pelo mar

EFÉSIOS

CAPÍTULO 6

O chamado dos santos

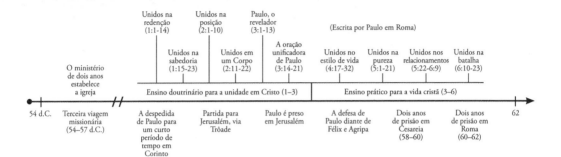

A epístola aos Efésios é, de muitas formas, a coroa de glória do Novo Testamento. Talvez você se surpreenda em saber que essa carta não deveria se chamar "Efésios". O fato é que, na verdade, não se sabe para quem ela foi escrita. Os cristãos de Éfeso foram certamente os destinatários dessa carta, mas, sem dúvida, havia outros.

Em muitos dos manuscritos originais em grego, existe, de fato, um espaço em branco onde a versão *King James* e a Nova Versão Internacional inserem as palavras *em Éfeso*. Essa é razão pela qual a [versão americana] *Revised Standard Version* não usa: "Aos santos em Éfeso", mas simplesmente: "Aos santos que também são fiéis em Cristo Jesus".

Em Colossenses 4:16, Paulo se refere a uma carta que escreveu à Igreja de Laodiceia. Já que a nossa Bíblia não inclui uma epístola aos de Laodiceia, muitos presumem que essa carta aos laodicenses foi perdida. Muitos outros estudiosos da Bíblia, no entanto, sentem que a carta à Igreja de Laodiceia é realmente esta mesma carta, a epístola aos Efésios.

Éfeso está localizada não muito longe de Laodiceia na Ásia Menor (atual Turquia), e é possível que Éfeso e Laodiceia tenham sido duas entre as várias cidades da região às quais essa epístola foi endereçada. Esta pode ser a explicação para essa carta perdida do apóstolo Paulo à Igreja de Laodiceia.

O esboço de Efésios

O tema dessa epístola é grandioso e elevado, e Paulo o define de uma forma que é exclusiva para esta carta entre todas as suas cartas no Novo Testamento. É o tema sobre a natureza da verdadeira Igreja, o Corpo de Cristo.

OBJETIVOS DO CAPÍTULO

O objetivo deste capítulo é obter uma visão geral da epístola de Paulo aos Efésios — uma carta que descortina a realidade e nos mostra as maravilhas e horrores do que as Escrituras chamam de "lugares celestiais". Este é o lugar da guerra espiritual, no qual lutamos contra os governantes, autoridades e poderes deste mundo decaído. O ensino de Paulo em Efésios é extremamente prático, porque quanto mais entendermos quem somos como santos de Deus, mais eficazes seremos ao nos envolvermos na batalha, vestidos com toda a armadura de Deus e empunhando a espada do Espírito. A mensagem de Efésios é que estamos envolvidos em uma guerra sobrenatural — e estamos do lado vencedor.

Aventurando-se através da Bíblia   71

A CARTA DE EFÉSIOS

Nossa posição como cristãos (Efésios 1–3)

Introdução: Somos redimidos pelo Filho, selados pelo Espírito 1

Nossa posição diante de Deus: antes mortos, agora vivos em Cristo 2:1-10

Nossa posição na Igreja: judeus e gentios reconciliados 2:11-22

O mistério da Igreja revelado 3

Nosso estilo de vida como cristãos (Efésios 4–6)

Unidade na Igreja 4:1-6

Uma Igreja, muitos dons espirituais 4:7-16

Despojar-se do velho homem, revestir-se do novo 4:17-29

Não entristecer o Espírito Santo, mas encher-se do Espírito 4:30–5:21

Submissão cristã: maridos e esposas, filhos aos pais 5:22–6:4

Serviço no local de trabalho 6:5-9

Batalha espiritual: a armadura de Deus, orando por ousadia 6:10-20

Conclusão 6:21-24

Você em Cristo

Como já abordamos no capítulo "Romanos a Filemom: Cartas à Igreja", as quatro primeiras cartas do Novo Testamento — Romanos, 1 e 2 Coríntios e Gálatas — desenvolvem o tema "Cristo em vós", ensinando o que significa "Cristo habitar em nós". Começando com Efésios, o tema principal das epístolas de Paulo muda de "Cristo em vós" para "vós em Cristo". De Efésios a Filemom, descobrimos o que significa estarmos em Cristo e compartilharmos a vida da Igreja como corpo, o Corpo de Cristo. Assim, o grande tema dessa carta diz respeito ao cristão que está em Cristo e o relacionamento dele com os membros do Corpo.

Após a saudação nos dois primeiros versículos de Efésios, Paulo dá o tom dessa sua epístola:

Bendito o Deus e Pai de nosso Senhor Jesus Cristo, que nos tem abençoado com toda sorte de bênção espiritual nas regiões celestiais em Cristo (1:3).

É fácil entender mal a frase "lugares celestiais", que aparece várias vezes nessa carta. Se você interpretar isso apenas como uma referência ao céu depois que morrermos, você perderá o ponto central da mensagem de Paulo em Efésios. Embora essa frase, na verdade, inclua o fato de que iremos para o céu algum dia, ela fala principalmente sobre a maneira que você deve viver aqui e agora, na Terra. Os lugares celestiais não estão longe em algum canto distante do espaço ou em algum planeta ou estrela. Eles são simplesmente os lugares da realidade invisível em que o cristão vive neste momento, em contato com Deus e em conflito com os reinos satânicos com os quais estamos diariamente envolvidos.

Nos lugares celestiais Cristo exerce total autoridade e poder como Paulo explica no capítulo 2:

...e, juntamente com ele, nos ressuscitou, e nos fez assentar nos lugares celestiais em Cristo Jesus (2:6).

Porém, os lugares celestiais também contêm o quartel-general dos principados e potestades do mal. Paulo descreve a natureza do nosso conflito com esses poderes no capítulo 6:

...porque a nossa luta não é contra o sangue e a carne, e sim contra os principados e potestades, contra os dominadores deste mundo tenebroso, contra as forças espirituais do mal, nas regiões celestes (6:12).

Então, quando Paulo fala sobre os lugares celestiais, ele não está falando sobre o céu, mas

Aventurando-se através da Bíblia

sobre um lugar invisível e muito real aqui na Terra e em todo o Universo. Ele está falando de um reino espiritual que constantemente nos cerca, nos influencia e afeta, para o bem — e para o mal.

Nesse lugar, onde cada um de nós vive, o apóstolo declara que Deus já nos abençoou com toda a bênção espiritual. Isto é, Ele nos deu tudo o que precisamos para viver nas circunstâncias e relacionamentos presentes. Pedro diz a mesma coisa em sua segunda carta:

> *Visto como, pelo seu divino poder, nos têm sido doadas todas as coisas que conduzem à vida e à piedade, pelo conhecimento completo daquele que nos chamou para a sua própria glória e virtude* (2Pe 1:3).

Isso significa que quando você recebe Jesus Cristo como Senhor, você recebe tudo o que Deus planeja lhe dar. Isso não é fantástico? Os cristãos mais fracos têm em suas mãos tudo o que já foi usado pelo mais poderoso dos santos de Deus. Já temos tudo, porque temos Cristo, e nele está cada bênção espiritual e tudo que diz respeito à vida e à piedade.

Você e eu temos o que é preciso para viver da maneira como Deus planejou. Quando falhamos, não é porque nos falta alguma coisa. É porque *não estamos nos apropriando e usando totalmente aquilo que já é nosso*.

Você é a Igreja

A maioria de nós tem a tendência de pensar na Igreja como um lugar que frequentamos ou uma organização que está separada de nós. Mas Paulo, nessa poderosa carta aos Efésios, quer que entendamos que somos a Igreja e a igreja local é formada por nós.

De vez em quando, enquanto eu ainda pastoreava, alguém vinha a mim e dizia: "A Igreja deve fazer isso e isso". E eu respondia: "Bem, você é a Igreja. Por que você não vai em frente e o faz?". A pessoa sempre me olhava com um pouco de espanto — então dizia: "Está bem, vou fazê-lo!".

Quando alguém diz: "A Igreja deve ser mais amigável", eu digo: "Tudo bem, você e eu somos a Igreja — vamos ser mais amigáveis". Quando alguém diz: "A Igreja precisa fazer mais para alcançar a comunidade", eu digo: "Muito bem, você e eu somos a Igreja — vamos pensar em algumas coisas que podemos fazer para ter um ministério mais eficaz na comunidade".

Esse pensamento é sempre um grande avanço, uma revelação — e ele muda a maneira como as pessoas levam a vida como membros do Corpo de Cristo. A Igreja é composta de pessoas. Cada cristão é um membro do Corpo de Cristo, a Igreja.

À medida que avançarmos por esta carta, vou usar a palavra "Igreja" de forma intercambiável com a palavra "cristão", porque cada cristão é um microcosmo de toda a Igreja. Se entendermos que Deus habita a Igreja, então, temos que reconhecer que Ele também habita em cada cristão. Assim, ao examinarmos Efésios, devemos perceber que Paulo não está falando para a Igreja num sentido institucional. Ele está falando a cada um de nós como cristãos individuais.

A Igreja é o Corpo

Em Efésios, Paulo usa seis metáforas para explicar a natureza da Igreja, a natureza do cristão, em relação a Jesus Cristo. Na primeira dessas metáforas, ele se refere à Igreja como um corpo:

E pôs todas as coisas debaixo dos pés e, para ser o cabeça sobre todas as coisas, o deu à igreja, a qual é o seu corpo, a plenitude daquele que a tudo enche em todas as coisas (1:22,23).

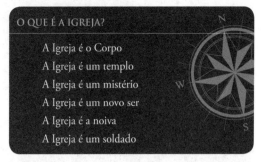

O primeiro capítulo de Efésios é dedicado à admiração e espanto, por que nós — seres humanos comuns, falhos, repletos de pecado — deveríamos ser chamados por Deus, de uma forma admirável, para nos tornarmos membros do Seu corpo? O apóstolo Paulo jamais superou seu espanto de que ele, um homem de pernas arqueadas, calvo, meio cego e ex-perseguidor da Igreja, deveria se tornar membro do próprio Corpo do Senhor. Parecia que ele estava continuamente surpreso pelo fato de que Deus o tinha chamado antes da fundação do mundo, e o havia abençoado e capacitado com tudo o que ele precisava para servir ao Senhor.

Qual é o propósito do Corpo? Paulo diz que o Corpo de Cristo é para ser "a plenitude daquele que a tudo enche em todas as coisas". Você pensa assim sobre sua vida? Você ousa pensar de si mesmo da maneira como Deus pensa de você — como um corpo a ser cheio com a plenitude do próprio Deus? Isso é uma percepção que deveria nos transformar.

Um corpo humano é uma expressão da cabeça. Quando o corpo age como foi concebido para agir, ele se move, atua, trabalha e se comporta como a cabeça o dirige. Da mesma forma, o Corpo de Cristo é uma expressão de Cristo, o Cabeça. Quando a Igreja, e os cristãos individualmente, agem da maneira como foram concebidos para agir, eles se movem, atuam, trabalham e se comportam como Cristo, o Cabeça, os dirige. Cada corpo é desenvolvido para expressar e obedecer aos comandos de sua cabeça.

Porém, é possível que um corpo responda a um estímulo que não venha da cabeça. Por exemplo, se o seu médico bater em seu joelho no lugar certo com um martelo, sua perna chutará, sem que sua cabeça planeje fazê-lo. Às vezes, me pergunto se grande parte das atividades da Igreja (e o ativismo de cristãos) não são parecidas com isso — uma ação reflexa involuntária na qual o corpo age por conta própria sem a direção do Cabeça.

A Igreja é um Templo

Em seguida, Paulo usa a metáfora de um templo para descrever a natureza da Igreja:

> *...no qual todo o edifício, bem ajustado, cresce para santuário dedicado ao Senhor, no qual também vós juntamente estais sendo edificados para habitação de Deus no Espírito* (2:21,22).

Quando todos os resultados inúteis do esforço humano virarem pó, quando todas as instituições e organizações que construímos estiverem há muito esquecidas, o Templo que Deus está construindo agora — a Sua Igreja — será o centro das atenções por toda a eternidade. Isso é o que esta passagem quer dizer.

Éfeso (atual Selçuk, província de Esmirna, Turquia)

Somos os blocos de construção de Deus. Ele está nos moldando, desbastando, encaixando juntos, colocando e usando de acordo com Seu plano, posicionando-nos em Seu Templo em locais onde poderemos ser mais eficazes para o Seu propósito. Nós somos Seu templo, Sua casa, Sua habitação. Tornemo-nos um Templo acolhedor onde Deus possa entrar e dizer: "Esta é minha casa. Este é o lugar onde tenho prazer em habitar".

A Igreja é um mistério

Efésios 3 apresenta a terceira metáfora, da qual aprendemos que a Igreja é um mistério, um segredo sagrado:

A mim, o menor de todos os santos, me foi dada esta graça de pregar aos gentios o evangelho das insondáveis riquezas de Cristo e manifestar qual seja a dispensação do mistério, desde os séculos, oculto em Deus, que criou todas as coisas, para que, pela igreja, a multiforme sabedoria de Deus se torne conhecida, agora, dos principados e potestades nos lugares celestiais (3:8-10).

Há indícios maravilhosos aqui de que Deus tem um plano secreto em andamento através dos séculos, um plano que Ele nunca revelou a ninguém. E a Igreja é o instrumento por meio do qual Ele está realizando este plano. Paulo está dizendo que, por intermédio da Igreja, a múltipla sabedoria de Deus — todos os muitos níveis do conhecimento de Deus e todas as profundezas de Sua ilimitada sabedoria — serão agora conhecidos por todos os principados e potestades que habitam os lugares celestiais.

O propósito do mistério da Igreja é esclarecer e informar o Universo, tornar a sabedoria de Deus conhecida aos governantes espirituais desses lugares invisíveis.

A Igreja é um novo ser

No capítulo 4, o apóstolo usa uma quarta metáfora:

...e vos revistais do novo homem, criado segundo Deus, em justiça e retidão procedentes da verdade (4:24).

A Igreja é um novo ser, um novo "eu" com uma nova natureza, porque cada cristão que integra a Igreja é um novo ser. Esta metáfora está ligada à declaração de Paulo em outra carta:

E, assim, se alguém está em Cristo, é nova criatura; as coisas antigas já passaram; eis que se fizeram novas (2Co 5:17).

A presente criação, que começou no início dos céus e da Terra, há muito está avançada em idade e perecendo. O mundo com toda a sua riqueza e sabedoria pertence ao que está perecendo. Porém, Deus está levantando uma nova geração, uma nova raça de seres, uma nova ordem de almas ou *eus*, como os que o mundo nunca viu anteriormente. É uma geração que é ainda melhor do que Adão, melhor do que a criação original — é uma nova criação.

Em Romanos, aprendemos que tudo que perdemos em Adão foi recuperado em Cristo — e mais:

Se, pela ofensa de um e por meio de um só, reinou a morte, muito mais os que recebem a abundância da graça e o dom da justiça reinarão em vida por meio de um só, a saber, Jesus Cristo (Rm 5:17).

Em outra parte de Romanos, Paulo diz que toda a criação "aguarda em ardente expectativa" (literalmente "está na ponta dos pés") para ver a manifestação dos filhos de Deus, o dia da revelação desta nova criação (veja Rm 8:19).

Mas lembre-se, esta nova criação está sendo feita *agora mesmo*. Você está convidado a revestir-se deste novo eu, momento a momento, dia a dia, a fim de ir ao encontro das pressões e problemas da vida no mundo de hoje. É por isso que a Igreja está aqui. A Igreja é um novo *eu*, e o propósito desse novo ser é exercer um novo ministério. Paulo continua a dizer em Efésios 4:

E a graça foi concedida a cada um de nós segundo a proporção do dom de Cristo (4:7).

Esse novo ser em cada um de nós recebeu um dom (é isso que a palavra graça significa aqui) — um dom que nunca tivemos antes de nos tornarmos cristãos. Nossa tarefa é descobrir e exercer esse dom. Quando a Igreja vacila e perde sua direção, é porque os cristãos perderam esta grande verdade, e os dons que Ele nos deu permanecem desconhecidos e sem uso.

O Senhor ressurreto lhe deu um dom, assim como o senhor na parábola deu os talentos para cada um dos seus servos, confiando-lhes sua propriedade até o seu retorno (veja Mt 25). Quando nosso Senhor voltar, Seu julgamento será baseado no que fizemos com o dom ou dons que Ele nos concedeu.

A Igreja é a Noiva

Efésios 5 apresenta outra metáfora para descrever a verdadeira natureza da Igreja. Ele nos diz que a Igreja é a Noiva:

Maridos, amai vossa mulher, como também Cristo amou a igreja e a si mesmo se entregou por ela, para que a santificasse, tendo-a purificado por meio da lavagem de água pela palavra, para a apresentar a si mesmo igreja gloriosa, sem mácula, nem ruga, nem coisa semelhante, porém santa e sem defeito (5:25-27).

Em seguida, Paulo cita as palavras de Deus em Gênesis:

Eis por que deixará o homem a seu pai e a sua mãe e se unirá à sua mulher, e se tornarão os dois uma só carne. Grande é

BATALHA ESPIRITUAL: NOSSO INIMIGO É REAL

Estou bem ciente do desdém que muitas pessoas na nossa sociedade demonstram em relação a qualquer discussão séria sobre o diabo e as forças espirituais do mal. Elas dizem: "Você vai insultar nossa inteligência falando sobre a personificação do mal? Isso é um conceito medieval — vindo direto da superstição da Idade das Trevas! Você está realmente sugerindo que o diabo está na raiz de todos os problemas do mundo de hoje?". Eu mesmo já me deparei com esta atitude dentro da igreja cristã.

Certa vez, passei uma noite em Berlim discutindo estas questões com quatro ou cinco clérigos inteligentes — homens que conheciam a Bíblia intimamente, de capa a capa. Embora não tivéssemos aberto a Bíblia, passamos toda a noite juntos discutindo várias passagens. Todas as passagens bíblicas que mencionei eram-lhe conhecidas. Na verdade, eles podiam citar essas passagens de olhos fechados. No entanto, cada um daqueles clérigos rejeitava a ideia da personificação do mal. No final da noite, eles admitiram que, por terem rejeitado a crença na existência do diabo, não tinham respostas para as questões mais intrigantes da vida, tais como a prevalência óbvia do mal em nosso mundo. Tivemos que finalizar o assunto.

Deveríamos nos perguntar: Se o diabo não existe, como então explicar todo o mal no mundo? Quando olhamos, ao longo da história, para as várias tentativas de destruir a nação escolhida de Deus, Israel, incluindo o Holocausto… como podemos dizer que o diabo não existe? Como podemos dizer que uma força pessoal e intencional para o mal não está deliberadamente tentando destruir o plano de Deus para o mundo? E quando olhamos para a perseguição da Igreja de Cristo ao redor do mundo… como podemos dizer que não há nenhum diabo?

O diabo é real, está ativo e trabalha dia e noite, tentando subverter, desfazer e derrotar o plano de Deus na história da humanidade. O diabo é nosso inimigo. E isso é guerra.

Ray Stedman
Desmascarando Satanás
(Publicações Pão Diário, 2010)

este mistério, mas eu me refiro a Cristo e à igreja (5:31,32).

A Igreja é a Noiva e Paulo diz que Cristo está preparando a Igreja como a Noiva para que Ele possa apresentá-la a si mesmo. Não é isso o que todo noivo deseja — que sua noiva seja apenas dele? Durante o seu tempo de namoro, ela pode sair com alguns amigos, mas uma vez que eles estejam noivos, ela promete ser dele. Durante seu noivado, eles aguardam o dia em que isso venha a ser completa e finalmente realizado.

Por fim, o dia do casamento chega. Eles ficam diante do altar e prometem amar, honrar e se dedicar um ao outro até que a morte os separe. Então, eles passam a ser um do outro — ela é dele e ele é dela, para a alegria mútua durante toda a vida. Isso é uma representação do cristão (a noiva) em relação a Cristo (o noivo).

Você sempre pensa de si mesmo dessa maneira? Minha própria vida devocional foi revolucionada quando me dei conta de que o Senhor Jesus desejava passar tempo comigo. Se eu falhasse em passar esse tempo na presença do Mestre, Ele ficaria desapontado! Percebi que não só eu estava ganhando com isso, mas que Ele também estava, e que Ele ama e tem prazer em nossos momentos de comunhão.

A Igreja é um Soldado

A última metáfora relacionada à Igreja, que Paulo traça para nós em Efésios, é a metáfora de um soldado:

Portanto, tomai toda a armadura de Deus, para que possais resistir no dia mau e, depois de terdes vencido tudo, permanecer inabaláveis. Estai, pois, firmes, cingindo-vos com a verdade e vestindo-vos da couraça da justiça. Calçai os pés com a preparação do evangelho da paz; embraçando sempre o escudo da fé, com o qual podereis apagar todos os dardos inflamados do Maligno. Tomai também o capacete da salvação e a espada do Espírito, que é a palavra de Deus (6:13-17).

Qual é o propósito do soldado? Ele trava batalhas! E isso é o que Deus está fazendo em nós e por nosso intermédio agora mesmo. Ele nos deu o privilégio de servir no campo de batalha onde Suas grandes vitórias são conquistadas.

Na verdade, há realmente uma sensação muito real de que estamos no campo de batalha. Essa é a essência da história de Jó. Este homem que amava muito a Deus foi atingido sem aviso prévio por uma série de tragédias. Em apenas um dia, ele perdeu tudo o que lhe era importante, tudo o que valorizava, inclusive toda a sua família... exceto sua mulher. Jó não entendia o que estava acontecendo, mas Deus o tinha escolhido para ser o campo de batalha para um conflito com Satanás.

O Senhor permitiu que Satanás afligisse Jó física, emocional e materialmente, porque Deus sabia que Jó era o campo de batalha perfeito onde Ele conquistaria uma grande vitória contra os poderes invisíveis dos lugares celestiais. Jó era um soldado em uma árdua batalha espiritual — assim como você e eu.

Em sua primeira carta, João escreve assim a seus jovens amigos cristãos:

Filhinhos, eu vos escrevi, porque conheceis o Pai. Pais, eu vos escrevi, porque conheceis aquele que existe desde o princípio. Jovens, eu vos escrevi, porque sois fortes, e a palavra de Deus permanece em vós, e tendes vencido o Maligno (1Jo 2:14).

Em outras palavras: "Vocês aprenderam a lutar, a se mover como soldados em uma batalha espiritual, a lançar fora as amarras enganosas do mundo, a não se conformar à era em que vivem — e ao fazê-lo, superaram Satanás e glorificaram a Deus".

Eu amo a história de Daniel, que, ainda adolescente, era um prisioneiro numa terra estrangeira. Era prisioneiro em uma cultura pagã e teve que enfrentar essa batalha diariamente. Contava unicamente com a fidelidade de Deus para defendê-lo quando tudo estava contra ele. As pressões que enfrentava eram incríveis, mas Daniel passou nos testes repetidamente. Ele venceu as batalhas, derrotou Satanás e glorificou a Deus. Nessa tremenda batalha espiritual, Daniel foi um soldado fiel.

Este é o privilégio para o qual Deus está nos chamando nestes dias de tumulto e trevas crescente. Esta é a batalha para a qual Deus nos chama à medida que nosso mundo caminha para mais perto da mãe de todas as batalhas, o Armagedom. Deus está nos chamando para sermos soldados, para andarmos nos passos daqueles que venceram a batalha antes de nós. Eles nos mostram como nos mantermos fiéis, mesmo que enfrentemos a morte. Golpeados, feridos e sangrando, eles consideraram isso um distintivo de honra por servirem no exército de Deus, ser ferido a serviço do Rei.

Esse, então, é o nosso sêxtuplo chamado. Deus nos capacitou com todas as bênçãos espirituais, com todos os dons que precisamos, para que possamos nos tornar um corpo, um templo, um mistério, um novo ser, a noiva e um soldado para Jesus Cristo. É um chamado considerável. A palavra final de encorajamento nesta carta é encontrada em Efésios 4:

Rogo-vos, pois, eu, o prisioneiro no Senhor, que andeis de modo digno da vocação a que fostes chamados (4:1).

Efésios nos dá um vasto panorama — na verdade, uma série de imagens — para nos revelar a grandiosidade da Igreja no plano de Deus e a importância crucial de cada cristão aos olhos de Deus. Jamais perca de vista o que Deus está fazendo por seu intermédio (por intermédio da Igreja).

O mundo não pode vê-lo, porque o mundo não está ciente dos lugares celestiais. O mundo não tem ideia do que está acontecendo por intermédio de você e de mim (da Igreja). Mas você sabe o que Deus está fazendo por seu intermédio. Seu poder se manifesta através de sua vida. Seu amor pelo mundo flui por seu intermédio. Sua coragem para a batalha o encoraja. Por isso, não desanime.

Há uma guerra em andamento — e você está do lado vencedor!

PERGUNTAS PARA DISCUSSÃO

EFÉSIOS
O chamado dos santos

1. Quais são algumas das metáforas que Paulo usa em Efésios para descrever a Igreja?

2. Se você é o Corpo e Cristo é a cabeça, quem deve comandar? Quem está realmente no comando de seus pensamentos e comportamento na maior parte do tempo? Quais passos você pode tomar para se colocar, mais conscientemente, sob o controle de Cristo, o Cabeça?

3. Leia Ef 2:1-10. Do que fomos salvos? Para o que fomos salvos? O que Paulo quer dizer quando afirma que fomos ressuscitados e estamos assentados com Cristo em lugares celestiais? Ele está falando sobre ir para o céu no futuro ou ele está falando sobre algo que está acontecendo aqui e agora?

4. Leia Ef 3:1-13. Como Paulo se tornou um "prisioneiro" de Jesus Cristo e um "servo deste evangelho"? Por que Deus escolheu Paulo?

5. Leia Ef 4:20–5:2. Paulo nos diz que devemos abandonar o velho eu, que está corrompido por desejos enganosos, e nos revestir do novo eu, o qual é criado para ser justo e santo por Deus. Liste as ações e pecados específicos que Deus quer que você "elimine" de sua vida. Em seguida, liste as coisas que Deus quer que sejam "colocadas" em seu lugar. (Observe que Paulo nos dá um motivo pelo qual devemos efetuar essa mudança em cada pecado ou mau hábito que Deus quer que abandonemos e em todas as virtudes com as quais Ele quer que nos revistamos.)

6. Leia Ef 6:10-24. Por que a vida cristã muitas vezes é descrita como uma "guerra"? Por que o conflito é parte inevitável da vida cristã? Para você a vida cristã parece ser uma luta? Por quê?

APLICAÇÃO PESSOAL

7. Alguma vez já lhe ocorreu, num momento de conflito com outra pessoa (um amigo, um membro da família, um colega de trabalho, irmão em Cristo, vizinho ou patrão) que a sua luta não é tanto contra "carne e sangue", mas que existem forças espirituais por trás de sua batalha? Você, às vezes, sente que forças espirituais estão promovendo conflitos em sua vida para impedir as suas orações? Para dificultar o seu testemunho? Para bloquear seu relacionamento com Deus? Para lhe roubar a alegria de ser cristão?

8. Descreva em termos pessoais, práticos e cotidianos o que significa revestir-se com o que se segue:
- toda a armadura de Deus
- o cinto da verdade
- a couraça da justiça
- sapatos da prontidão do evangelho da paz
- o escudo da fé
- o capacete da salvação
- a espada do Espírito

De que maneira você transforma essas metáforas em realidades práticas em sua vida? Quais passos para reforçar sua armadura espiritual você pode tomar esta semana?

Observação: Para Para uma pesquisa mais aprofundada da epístola aos Efésios, leia *Body Life: The Book That Inspired a Return to the Church's Real Meaning and Mission* (A vida do Corpo: O livro que inspira a Igreja a retornar ao seu verdadeiro significado e missão), Ray C. Stedman (Discovery House Publishers, 1995). *Our Riches in Christ: Discovering the Believer's Inheritance in Ephesians* (Nossas riquezas em Cristo: Descobrindo a herança dos cristãos em Efésios), Ray C. Stedman (Discovery House Publishers, 1998). *Desmascarando Satanás: Vencendo a batalha contra Satanás*, Ray C. Stedman (Publicações Pão Diário, 2010).

FILIPENSES   CAPÍTULO 7
Cristo, nossa confiança e nossa força

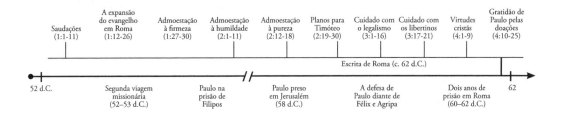

A carta aos Filipenses é considerada a mais afetuosa de todas as cartas de Paulo — e a mais agradável de ser lida. Ela está repleta de expressões de louvor, confiança e regozijo, apesar do fato de que essa é uma das epístolas de Paulo escrita na prisão, em seu confinamento em Roma. Encontramos o pano de fundo dessa carta em Atos 16 (que fala da visita de Paulo a Filipos e da fundação da igreja nesta cidade) e em Atos 28 (que conta a história da prisão domiciliar de Paulo em Roma).

A fundação da Igreja de Filipos aconteceu durante os emocionantes e perigosos dias quando Paulo e Silas viajaram juntos na segunda viagem missionária. Chegando a esta cidade, eles encontraram um grupo de mulheres fazendo uma reunião de oração à beira do rio e compartilharam o evangelho com elas. Uma das mulheres, Lídia, vendedora de tecidos de púrpura (isto é, ela tingia roupas para a realeza e para os ricos), convidou Paulo e Silas para irem à sua casa. Ao longo dos séculos, Lídia é conhecida por sua bondade e hospitalidade com o apóstolo Paulo. A Igreja de Filipos começou na casa dela.

A pregação de Paulo em toda a cidade causou grande reação, despertando o ressentimento das autoridades. Ele e Silas foram presos, açoitados e lançados na prisão. Naquela mesma noite, enquanto Paulo e Silas oravam e cantavam hinos a Deus, aconteceu um terremoto tão violento que os alicerces da prisão foram abalados, a ponto da porta da prisão se abrir e as cadeias de todos os prisioneiros se partirem.

O carcereiro, vendo que todos os prisioneiros estavam livres para escapar, sacou a espada e teria se suicidado se Paulo não gritasse: "Não te faças nenhum mal, porque estamos todos aqui".

O carcereiro correu para dentro, caiu aos pés dos dois missionários e perguntou-lhes: "Que preciso fazer para ser salvo?".

> **OBJETIVOS DO CAPÍTULO**
>
> O objetivo deste capítulo é apresentar a epístola de Paulo aos Filipenses em suas dimensões pessoais e práticas como um guia para o contentamento e um manual para a resolução dos problemas do dia a dia. Filipenses não é um livro de doutrina ou um confronto contra algum pecado ou escândalo na igreja. Embora Paulo tenha escrito essa carta da prisão, ela está cheia de esperança e alegria.

Aventurando-se através da Bíblia   83

A CARTA DE FILIPENSES

Cristo, nossa vida (Filipenses 1)

    Gratidão de Paulo por suas aflições servirem
ao avanço do evangelho 1:1-26

    Paulo encoraja os que estão aflitos 1:27-30

Cristo, nosso exemplo (Filipenses 2)

    Cristo, nosso exemplo de humildade 2:1-16

    O exemplo da humildade de Paulo 2:17,18

    O exemplo da humildade de Timóteo 2:19-24

    O exemplo da humildade de Epafrodito 2:25-30

Cristo, nossa confiança (Filipenses 3)

    Não ponha a confiança na carne 3:1-9

    Cristo é a fonte de nossa confiança 3:10-16

    Não viva para a carne 3:17-21

Cristo, nossa força (Filipenses 4)

    Busque paz e unidade na força do Senhor 4:1-3

    Substitua ansiedade por contentamento
na força do Senhor 4:4-9

    O segredo do contentamento: podemos tudo
naquele que nos fortalece 4:10-19

    Conclusão 4:20-23

"Crê no Senhor Jesus", eles responderam, "e serás salvo, tu e tua casa".

Mais tarde, Paulo foi para as cidades de Tessalônica, Bereia, Atenas, Corinto e outros locais na Grécia.

Anos mais tarde, quando era prisioneiro do Imperador Nero em Roma, Paulo lembrou-se de seus amados amigos que estavam na Igreja que ele havia fundado em Filipos, e lhes escreveu esta carta. Embora estivesse autorizado a permanecer em uma casa alugada enquanto aguardava o julgamento perante o imperador, Paulo estava acorrentado dia e noite a um soldado romano. Ele sabia que, possivelmente, enfrentaria uma sentença de morte, mas esta carta irradia alegria, confiança e força.

Se você está passando por momentos de pressão e provação, exorto-o a ler esta pequena carta. Ela vai encorajá-lo muito, especialmente se você se lembrar das circunstâncias nas quais foi escrita.

O esboço de Filipenses

Uma das frustrações existentes para muitos professores bíblicos é a arbitrariedade das divisões de capítulo nas Escrituras. Essas divisões, é claro, não faziam parte do texto original, mas foram acrescentadas muito mais tarde. Em muitas passagens das Escrituras, as divisões de capítulos são inseridas exatamente no meio de um pensamento, dividindo o texto e obstruindo o fluxo do argumento do escritor.

Filipenses, no entanto, consiste de quatro capítulos que representam quatro divisões naturais. As divisões de capítulos em Filipenses fazem muito sentido e ajudam a organizar a mensagem deste livro encorajador do Novo Testamento.

O tema geral desta carta é o fato de Jesus Cristo estar disponível a nós com relação aos problemas da vida. A Igreja em Filipos não estava perturbada por sérios problemas doutrinários ou comportamentais, como algumas

Aventurando-se através da Bíblia

das outras igrejas. Ela experimentava apenas os problemas normais da vida cotidiana — cristãos que tinham problemas de relacionamento uns com os outros, dores de crescimento, estresse de ministério e distúrbios causados por certos indivíduos cujas crenças e práticas não estavam em pleno acordo com a verdadeira fé cristã.

Para lidar com esses problemas, Paulo estruturou essa carta como um guia para a vida comum. O refrão recorrente em toda a carta é de alegria e regozijo. Repetidamente o apóstolo usa frases como, "alegrai-vos", "alegrai-vos comigo", "alegrai-vos no Senhor". Paulo deseja que os cristãos se alegrem em seus sofrimentos e em suas aflições. Portanto, essa é uma carta na qual somos instruídos a viver vitoriosa e alegremente em meio às dificuldades normais da vida.

Cristo, nossa vida

Os temas de Filipenses são vistos em quatro versículos principais, o primeiro pode ser encontrado em Filipenses 1:21: "Porquanto, para mim, o viver é Cristo, e o morrer é lucro". Creio que muitas vezes tratamos esse versículo como uma declaração de escapismo cristão. Colocamos a ênfase no final da frase, *o morrer é lucro*, e pensamos: *Sim, seria muito bom escapar de todas as pressões, dor e lutas da vida*. Mas não é isso o que Paulo está dizendo.

Olhe atentamente e você verá que ele está realmente dizendo: "Não sei o que escolher. Para mim, o viver é ter Cristo, mas, por outro lado, morrer é ganhar o céu! Amo viver a aventura da vida, mas desejo muito experimentar a próxima aventura da realidade vindoura". Paulo certamente não estava farto da vida. Ele amava viver, porque queria que Cristo tivesse todas as oportunidades de viver por meio dele!

Como Paulo poderia estar tão animado quando era forçado a viver sob condições de encarceramento? A resposta é simples, porque ele via o que Deus estava fazendo através dele mesmo enquanto estava preso. Um empreendimento evangelístico único estava ocorrendo em Roma, um daqueles que jamais tinham sido vistos desde então. E Paulo — mesmo entre cadeias, guardas, prisão domiciliar, e tudo mais — estava no centro desse empreendimento evangelístico. Deus tinha um plano para alcançar o Império Romano. E você sabe quem Deus tinha colocado no comando de toda a organização deste grande esforço evangelístico em Roma? O imperador Nero! Como o próprio Paulo explica,

> ...de maneira que as minhas cadeias, em Cristo, se tornaram conhecidas de toda a guarda pretoriana e de todos os demais (1:13).

Se você ler nas entrelinhas, poderá ver o que estava acontecendo. Nero, o imperador, tinha ordenado que a cada seis horas um dos jovens que formavam a guarda pessoal de Paulo fosse trazido e acorrentado ao apóstolo Paulo. O propósito de Nero era manter uma nova guarda para este homem perigoso. Porém, Deus tinha um propósito maior do que o do imperador: Ele usou Nero para enviar uma sucessão dos melhores e mais brilhantes jovens para serem instruídos por Paulo a respeito de Cristo!

Não é incrível? Um por um, esses jovens vinham a Cristo, porque podiam ver a realidade de Jesus Cristo vivendo através de Paulo.

Se você duvida disso, olhe para um dos últimos versículos do último capítulo dessa carta em que Paulo diz:

> Todos os santos vos saúdam, especialmente os da casa de César (4:22).

Nenhuma mente humana poderia ter concebido um plano tão singular para evangelizar o Império Romano. Mas esse é o tipo do Deus que Paulo servia, e é por isso que ele podia dizer: "Para mim, o viver é Cristo. Não sei o que Ele vai fazer a seguir, mas seja o que for, será interessante e emocionante!". Isso é o que significa viver em Cristo.

Cristo, nosso exemplo

No capítulo 2, Paulo lida com o problema de desunião que ameaçava a Igreja em Filipos. Certos indivíduos estavam discutindo, causando divisões, o que é um problema constante na maioria das igrejas. As pessoas ficam irritadas e chateadas com a maneira como as outras pessoas fazem as coisas. Talvez elas não gostem da atitude ou do tom de voz de alguém. Então facções e divisões se desenvolvem, o que é sempre destrutivo para a vitalidade de uma Igreja. Paulo salienta que Cristo é o nosso exemplo na resolução de problemas. A passagem principal nesta parte é:

> Tende em vós o mesmo sentimento que houve também em Cristo Jesus (2:5).

Ele imediatamente passa a explicar o que é a atitude de Jesus, a mente de Cristo:

> ...pois ele, subsistindo em forma de Deus, não julgou como usurpação o ser igual a Deus; antes, a si mesmo se esvaziou, assumindo a forma de servo, tornando-se em semelhança de homens; e, reconhecido em figura humana, a si mesmo se humilhou, tornando-se obediente até à morte e morte de cruz (2:6-8).

Essa foi a humildade de Jesus Cristo. Ele esvaziou-se de tudo e se tornou servo por nossa causa. Isso, diz Paulo, é a mente de Jesus Cristo. Em seus desentendimentos uns com os outros, mantenham essa mesma atitude uns para com os outros: Não se apeguem aos seus chamados "direitos". Em vez disso, coloquem os outros em primeiro lugar.

O Dr. H. A. Ironside costumava contar uma história que ocorreu quando ele tinha 9 ou 10 anos. Sua mãe o levou a uma assembleia da Igreja. A reunião deu lugar a uma discussão entre dois homens. Um deles levantou-se e bateu na mesa, dizendo: "Tudo que eu quero são os meus direitos".

Sentado próximo estava um idoso escocês, com dificuldade de audição, que colocou sua mão atrás da orelha e disse: "Sim, irmão, o que é que você disse? O que você quer?".

O cavalheiro irritado respondeu: "Eu apenas disse que quero os meus direitos, é só isso!".

O idoso escocês bufou: "Seus direitos, irmão? Bem, digo que se você recebesse seus direitos, você estaria no inferno. O Senhor Jesus Cristo não veio para obter Seus direitos, Ele veio para obter as Suas injúrias. E Ele as obteve".

Aquele senhor que estava brigando ficou imóvel por um momento, então abruptamente sentou-se e disse: "O senhor está certo. Resolva da maneira como quiser".

Aventurando-se através da Bíblia

O conflito foi resolvido quando os combatentes foram desafiados a assumir a mente de Cristo, atitude daquele que jamais exigiu Seus direitos, mas que se humilhou, tornando-se obediente até a morte na cruz. Mas não para por aí. Qual foi o resultado da humildade e sacrifício de Jesus?

> *Pelo que também Deus o exaltou sobremaneira e lhe deu o nome que está acima de todo nome, para que ao nome de Jesus se dobre todo joelho, nos céus, na terra e debaixo da terra, e toda língua confesse que Jesus Cristo é Senhor, para glória de Deus Pai* (2:9-11).

Quando Jesus abriu mão de Seus direitos, voluntariamente, Deus lhe deu todo o direito no Universo. Paulo diz a cristãos briguentos: Com Cristo como seu exemplo, deixe seus direitos de lado e aceite seus erros. Substitua o egoísmo pela humildade, e confie em Deus para vindicá-lo. Essa é a mente de Cristo.

E se verdadeiramente colocássemos essa admoestação em prática, seríamos pessoas diferentes. Não haveria discussões nas igrejas e nenhuma divisão entre os cristãos, se realmente seguíssemos a Cristo, nosso exemplo, e padronizássemos nossas mentes de acordo com a dele.

Cristo, nossa confiança

O capítulo 3 apresenta Cristo como nossa confiança, nosso poder motivador. Ele é o único que nos move para dar passos corajosos de fé, crendo que podemos realizar a tarefa que Deus estabeleceu para nós. E não é disso que maioria de nós carece hoje?

Onde quer que olhemos, vemos livros, áudios e seminários nos oferecendo um impulso motivacional, anunciando que podem construir nossa confiança para que possamos alcançar nossos objetivos. Se realmente entendêssemos o que significa estar em Cristo e Cristo estar em nós, teríamos toda a confiança e a motivação que precisamos para alcançar qualquer objetivo estabelecido por Deus. Que maior motivação poderíamos ter do que saber que Jesus está do nosso lado, e que com Ele como nosso incentivador e nosso treinador, não há como fracassar?

Tudo o que falta em nós é o verdadeiro conhecimento do que já temos em Cristo. É por isso que Paulo diz:

> *...para o conhecer, e o poder da sua ressurreição, e a comunhão dos seus sofrimentos, conformando-me com ele na sua morte* (3:10).

O poder de Cristo, que é a nossa confiança, está em contraste gritante com o poder do eu — no qual a maioria de nós coloca a confiança. Cristãos autênticos, diz Paulo, são aqueles "...que adoram a Deus no Espírito, e se gloriam em Cristo Jesus, e não confiam na carne" (3:3). Contraste essa definição com todos os livros mais vendidos e com os comerciais, transmitidos durante a madrugada, que tentam nos levar a descobrir "o poder interior" e prometem aumentar nossa própria confiança em nosso poder humano e em nossa carne.

Se alguém tinha o direito de ter orgulho em suas próprias realizações, ter confiança em sua própria carne, esse alguém era Paulo:

> *Bem que eu poderia confiar também na carne. Se qualquer outro pensa que pode confiar na carne, eu ainda mais:*

circuncidado ao oitavo dia, da linhagem de Israel, da tribo de Benjamim, hebreu de hebreus; quanto à lei, fariseu, quanto ao zelo, perseguidor da igreja; quanto à justiça que há na lei, irrepreensível (3:4-6).

Paulo tinha o ancestral certo, o ritual perfeito e a observância religiosa, o perfeito zelo religioso e moralidade e um desempenho perfeito na mais severa seita da religião hebraica. Ele tinha tudo. No entanto, apesar de todas essas razões para o orgulho humano, Paulo as considerava inúteis comparadas à confiança que Jesus Cristo concede:

Mas o que, para mim, era lucro, isto considerei perda por causa de Cristo (3:7).

Cristo, nossa energia

Nas décadas de 1980 e 1990 havia uma propaganda muito popular: O coelho rosa "energizado" com o grande tambor na frente e as pilhas em suas costas. Seu lema: "Ele continua e continua e continua…".

Em Filipenses 4, Paulo nos diz que somos como aquele pequeno coelho rosa. Com Cristo vivendo em nós, dando-nos energia e capacitação, podemos continuar e continuar e continuar servindo ao Senhor, cumprindo Sua vontade, alcançando pessoas em Seu nome.

Posso pensar em poucas coisas mais frustrantes do que ter um grande desejo sem ter a capacidade para realizá-lo. Em Filipenses 4, Paulo nos diz que Deus não só nos deu o desejo de viver a serviço dele e de outros, mas também nos concede a força e a energia para realizar esse desejo:

…tudo posso naquele que me fortalece (4:13).

Essa afirmação é mero pensamento ilusório por parte do apóstolo? Ou é uma verdade prática e confiável?

Só para nos mostrar como o poder "energizante" de Cristo é prático e confiável para nossa vida, Paulo aborda um dos problemas mais comuns na Igreja — conviver bem com os outros. Dois membros da Igreja de Filipos, Evódia e Síntique, estavam envolvidas em um sério desentendimento. Então, Paulo roga-lhes que resolvam seu conflito e que tenham a mesma mente no Senhor.

Paulo está pedindo o impossível? Não! Como ele diz no versículo 13: "…tudo posso naquele que me fortalece". Mesmo tolerar pessoas odiosas? Sim! Mesmo se relacionar bem com pessoas melindrosas? Com certeza! Quando Cristo é nossa energia, podemos conviver com as pessoas, e podemos continuar amando-as, aceitando-as, e perdoando-as por amor do Senhor Jesus.

Em seguida, Paulo aborda a questão da preocupação. Em Filipenses 4:6,7, ele é um homem com todas as razões para se preocupar: está encarcerado e enfrentando uma possível sentença de morte do imprevisível governante de Roma, Nero. No entanto, escreve:

Não andeis ansiosos de coisa alguma; em tudo, porém, sejam conhecidas, diante de Deus, as vossas petições, pela oração e pela súplica, com ações de graças. E a paz de Deus, que excede todo o entendimento, guardará o vosso coração e a vossa mente em Cristo Jesus (4:6,7).

Que receita para a paz de espírito e serenidade emocional! Paulo não está negando a seriedade da vida e seus cuidados. Ele apenas não quer que sejamos dominados por essas coisas. Deseja que apresentemos nossa ansiedade a Deus e permitamos que Ele nos dê Sua paz — uma paz que vai além da nossa capacidade de compreensão. Não sabemos de onde vem essa paz ou como ela funciona, mas todos os cristãos podem lhe confirmar que ela é real.

Pessoalmente, posso testificar sobre isso. Muitas vezes, em minha própria vida quando eu estava deprimido, preocupado ou com medo, depois de compartilhar esses sentimentos com Deus em oração, senti a minha alma, de repente, repleta de paz e de uma sensação de bem-estar. De onde veio essa paz? Não posso compreender — tal paz transcende todo entendimento. Porém, ela é real. Aqui, novamente, vemos que o Senhor Jesus Cristo inunda nossa vida com o Seu poder, permitindo-nos seguir em frente, mesmo em meio aos nossos medos e preocupações.

Por fim, há a questão da pobreza e da bênção material. Paulo conheceu ambas, e ele quer transmitir aos cristãos de Filipos — e a você e a mim — qual deveria ser a atitude semelhante à de Cristo com relação a essas condições.

> *Digo isto, não por causa da pobreza, porque aprendi a viver contente em toda e qualquer situação. Tanto sei estar humilhado como também ser honrado; de tudo e em todas as circunstâncias, já tenho experiência, tanto de fartura como de fome; assim de abundância como de escassez* (4:11,12).

Qual é o segredo do contentamento de Paulo? Ele conta qual esse segredo aos cristãos em Filipos e a nós:

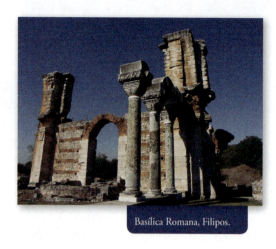
Basílica Romana, Filipos.

E o meu Deus, segundo a sua riqueza em glória, há de suprir, em Cristo Jesus, cada uma de vossas necessidades (4:19).

Nosso Senhor Jesus Cristo — que é nossa força e energia — irá suprir todas as nossas necessidades, capacitando-nos a prosseguir.

A carta aos Filipenses incorpora os segredos da vida de um homem que correu toda a carreira, que lutou o bom combate, que guardou a fé, que perseverou por Deus. Essa pequena carta embalada em poder contém o roteiro de Paulo para viver com poder, entusiasmo e senso de aventura. E Aquele que viveu Sua vida através de Paulo também vive em você e em mim.

Cristo é a nossa vida; Cristo é nosso exemplo; Cristo é a nossa confiança; e Cristo é a nossa energia e força.

PERGUNTAS PARA DISCUSSÃO

FILIPENSES
Cristo, nossa confiança e nossa força

1. Leia Fp 1:12-26. Paulo está na prisão e escreve estas palavras, mas ele parece alegre e triunfante. Como Paulo pôde enfrentar a situação em que estava dessa maneira? Que lição podemos aprender com ele sobre como reagir à oposição, aos reveses da vida e ao sofrimento?

2. Qual foi a atitude de Paulo com relação à vida? Qual foi a atitude dele em relação à morte? Enfrentando vida ou morte, estando livre ou na prisão, qual foi a principal preocupação de Paulo? Como a atitude de Paulo na prisão influencia a sua atitude?

3. Leia Fp 2:1-11. Por que a desunião entre cristãos traz descrédito a Jesus Cristo e a Seu evangelho? Quando Paulo diz aos filipenses para pensar "a mesma coisa", ele está dizendo que todos devem pensar igual? Explique sua resposta.

Aqui, novamente, temos outra declaração de que Jesus é Deus (2:6). No entanto, Jesus não se apegou a Sua própria divindade, mas tomou a forma de servo. O que esse exemplo de Jesus nos ensina sobre como se manter unido ao corpo de cristãos?

4. Leia Fp 2:19-30. Paulo escreve sobre Timóteo e Epafrodito. Observe como esses dois homens parecem exemplificar as qualidades de Cristo sobre as quais Paulo escreve em 2:1-11. Note também uma frase que aparece três vezes nessa breve passagem: "Espero no Senhor... Estou persuadido no Senhor... recebei-o no Senhor". Paulo não desperdiça palavras. Essa frase aparece nove vezes em Filipenses. O que você acha que Paulo quer dizer, enfatizando as palavras "no Senhor"?

APLICAÇÃO PESSOAL

7. Em Fp 3:1-10, o apóstolo Paulo contrasta a confiança na carne com a confiança em Cristo. Paulo escreve que ele tem tanta razão como qualquer pessoa para colocar a sua confiança na carne, em sua herança religiosa e étnica, em seu zelo, em seu modo correto de vida. No entanto, também diz que tudo isso é inútil, diante da "sublimidade do conhecimento de Cristo, meu Senhor; por amor do qual perdi todas as coisas".

Em que você coloca sua confiança? Qual é a fonte de sua segurança na vida? Do que você se orgulha? O que você sente que o separa da multidão? Está disposto a deixar tudo — seu orgulho, bens, status, posição na comunidade, reputação, tudo — a fim de conhecer a Cristo e o poder da Sua ressurreição? Se não, por quê?

6. Leia Fp 3:17. Paulo exorta os líderes filipenses a seguir seu exemplo e o exemplo daqueles que vivem de acordo com o próprio padrão de vida de Paulo. Você diria a outras pessoas: "Se você quiser ser um cristão maduro, siga meu exemplo"? Por quê? Isso foi egocêntrico de Paulo? Por quê? Devemos nos esforçar para viver conforme esses exemplos de vida para podermos fazer tal afirmação com toda a humildade?

7. Leia Fp 4:4. Você sempre se alegra no Senhor? Se não, por quê? O que o impede de se alegrar, mesmo em circunstâncias difíceis?

8. Leia Fp 4:8. Este seria um excelente versículo para colocar no espelho do seu banheiro, na porta da geladeira, no painel do seu carro, em sua mesa de trabalho, no mural de recados no quarto de seus filhos, e onde quer que você e sua família se reúnam. É uma excelente palavra de conselho para recordar quando selecionar um filme para assistir ou um livro para ler; sempre que você se conectar à internet, e sempre que estiver tentado a fazer fofoca. Será que este versículo o condena — ou afirma seu procedimento? Dia a dia e momento a momento, você tenta se concentrar em tudo que é "verdadeiro, tudo o que é respeitável, tudo o que é justo, tudo o que é puro, tudo o que é amável, tudo o que é de boa fama?". Quais passos você pode dar esta semana para se tornar o tipo de cristão cuja mente está centrada na pureza e no louvor?

COLOSSENSES
Poder e alegria

CAPÍTULO 8

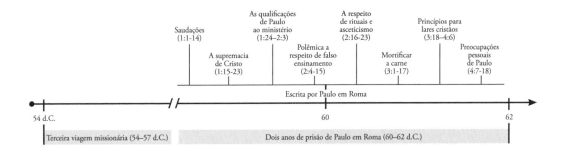

Paulo escreveu a maioria de suas cartas para as igrejas que ele fundou, tais como as igrejas em Corinto e Filipos. Ele não estabeleceu a igreja em Roma nem a igreja em Colossos, à qual esta carta foi escrita.

Não podemos saber ao certo quem estabeleceu a Igreja em Colossos, mas provavelmente foi Epafrodito (também conhecido como Epafras), um homem mencionado em algumas das outras cartas de Paulo. Essa carta menciona que Epafrodito era de Colossos. E, embora não saibamos onde Epafrodito ouviu o evangelho, depois de ouvir e crer, ele aparentemente levou o evangelho para sua cidade natal, onde proclamou Cristo. A Igreja à qual esta carta foi escrita foi provavelmente o resultado do testemunho ousado de Epafrodito em sua cidade natal. Os cristãos em Colossos nunca se encontraram com Paulo face a face.

As cartas de Colossenses, Filipenses e Efésios foram escritas mais ou menos ao mesmo tempo, durante a primeira prisão de Paulo, e são, portanto, chamadas de "Epístolas da prisão". Note que a estrutura e conteúdo dessa carta são semelhantes à carta de Paulo aos Efésios.

Jesus, o primogênito

Os cristãos em Colossos tinham um problema, o qual Paulo abordou nessa carta. Parece que eles estavam próximos de perder sua compreensão do poder que sustenta a vida cristã. Essa carta é a grande explicação de Paulo sobre o poder e a alegria que Deus dá para viver de maneira cristã. Paulo expressa o tema de Colossenses nessa oração introdutória:

> [Oro] a fim de viverdes de modo digno do Senhor, para o seu inteiro agrado, frutificando em toda boa obra e crescendo no pleno conhecimento de Deus; sendo fortalecidos com todo o poder, segundo a força da sua glória, em toda a perseverança

> **OBJETIVOS DO CAPÍTULO**
>
> O objetivo deste capítulo é revelar o tema central da epístola de Paulo aos Colossenses: Como obter o poder de Deus para viver de maneira cristã? Conforme o autor escreve: "O problema com a maioria dos cristãos […] é que eles não entendem o que a Bíblia ensina sobre o poder da ressurreição". As percepções nesta carta são tremendamente relevantes para nossa vida hoje, como cristãos do século 21. Colossenses é o livro do poder da ressurreição.

Aventurando-se através da Bíblia

e longanimidade; com alegria, dando graças ao Pai, que vos fez idôneos à parte que vos cabe da herança dos santos na luz (1:10-12).

A oração de Paulo é para que os cristãos sejam *fortalecidos com todo o poder* (é por isso que ele escreveu a carta) *segundo a força da sua glória* (a questão central desta carta). Começando com esta nota, Paulo estabelece a fonte de todo poder na vida cristã: Jesus Cristo. Como pode Jesus — um homem que nasceu como bebê, viveu como homem e morreu em uma cruz — ser a fonte de todo o poder? Simples: Jesus é Deus. Paulo mostra isso de maneira poderosa:

Este é a imagem do Deus invisível, o primogênito de toda a criação; pois, nele, foram criadas todas as coisas, nos céus e sobre a terra, as visíveis e as invisíveis, sejam tronos, sejam soberanias, quer principados, quer potestades. Tudo foi criado por meio dele e para ele. Ele é antes de todas as coisas. Nele, tudo subsiste. Ele é a cabeça do corpo, da igreja. Ele é o princípio, o primogênito de entre os mortos, para em todas as coisas ter a primazia, porque aprouve a Deus que, nele, residisse toda a plenitude e que, havendo feito a paz pelo sangue da sua cruz, por meio dele, reconciliasse consigo mesmo todas as coisas, quer sobre a terra, quer nos céus (1:15-20).

Qualquer um que afirme que Jesus não é verdadeiramente Deus tem pelo menos dois grandes problemas. Um deles é o evangelho de João, um livro inteiramente dedicado ao tema da divindade de Cristo. O outro é essa passagem, que é uma declaração inequívoca de que Cristo é Deus. Naturalmente, o tema da divindade de Cristo está entrelaçado ao longo das Escrituras, mas João e Colossenses trazem o assunto em termos incontestáveis.

As epístolas de Paulo

O LIVRO DE COLOSSENSES

Cristo, o Cabeça da criação e o Cabeça da Igreja (Colossenses 1–2)
    Introdução e oração pelos colossenses.. 1:1-14
    Cristo, o cabeça da criação 1:15-17
    Cristo, o cabeça da Igreja 1:18–2:3
    Nossa liberdade em Cristo 2:4-23

Submissão a Cristo, o Cabeça (Colossenses 3–4)
    Despir-se do velho eu 3:1-11
    Revestir-se do novo eu 3:12–4:6
    Conclusão 4:7-18

Duas vezes em Colossenses 1, Paulo refere-se a Jesus como o "primogênito", um termo que confunde alguns. Ele não quer dizer, como algumas pessoas o têm entendido, que Jesus teve um princípio — que Ele não é verdadeiramente eterno. Aqui, a palavra "primogênito" se refere não à *cronologia* de Jesus Cristo, mas à sua *posição*. Na cultura em que Colossenses foi escrita, "primogênito" era entendido como o herdeiro, o primeiro na linhagem como proprietário ou senhor.

Esta frase, *o primogênito de toda a criação* significa que o Senhor Jesus ocupa a posição em relação a toda a criação, como um herdeiro em relação à propriedade dos pais. Jesus não faz parte da ordem criada. Em vez disso, Ele é seu dono e regente, como o herdeiro do Pai.

Nessa passagem, Paulo declara Jesus Cristo o Criador, aquele que trouxe o mundo à existência com uma palavra. Como Deus, o Filho, Ele estava presente no princípio com Deus, o Pai:

Ele é antes de todas as coisas. Nele, tudo subsiste (1:17).

Um dos enigmas da ciência que continua a existir é a questão do que mantém o Universo unido. Sabemos que tudo é feito de átomos minúsculos que consistem nos elétrons girando em torno de um núcleo. Sabemos também que o Universo é governado em nível atômico por quatro forças fundamentais — a força forte, a força eletromagnética, a força fraca e a força gravitacional. Os físicos esperam descobrir, um dia, uma simples "teoria unificadora grandiosa" que irá explicar como essas quatro forças funcionam juntas, mas por enquanto essas forças são em grande parte um mistério.

A busca científica pela força desconhecida que mantém o Universo unido me faz

PAULO E O JUGO DE CRISTO

Muitas pessoas erroneamente pensam que Saulo de Tarso se tornou o poderoso apóstolo Paulo durante um encontro-relâmpago único com Cristo. Embora Saulo tenha se tornado cristão no caminho para Damasco, ele não começou a viver a plenitude da vida cristã até anos mais tarde. Saulo de Tarso tinha muito a aprender antes de se tornar o apóstolo Paulo.

Jesus disse aos discípulos: "Vinde a mim, todos os que estais cansados e sobrecarregados, e eu vos aliviarei" (Mt 11:28). Depois acrescentou: "Tomai sobre vós o meu jugo e aprendei de mim, porque sou manso e humilde de coração; e achareis descanso para a vossa alma" (Mt 11:29). Esses versículos descrevem duas fases distintas no desenvolvimento do cristão. O versículo 28 fala de conversão, e contém a mais simples declaração possível do evangelho: "Vinde a mim". Basta ir a Jesus, trazer sua culpa e problemas, e Ele vos aliviará. Esse é o Seu convite.

Então, no versículo 29, Ele acrescenta: "Tomai sobre vós o meu jugo e aprendei de mim". Vir a Jesus tira o seu pecado e preocupação — mas Ele não terminou aí. Você ainda precisa aprender a viver como Cristo. Como? Tomando o Seu jugo sobre si.

Um jugo é um "travessão" de madeira maciça que se prende ao pescoço de dois bois. Ao unir os animais, você os faz trabalhar juntos para puxar uma carga. Assumir o jugo de Cristo significa estar ligado a Ele em Sua obra. À medida que você trabalha ao lado de Jesus, com o Seu jugo sobre seu pescoço, você descobre o que significa viver como Ele.

Paulo teve que aprender a vida cristã. Ele teve que levar o jugo de Cristo e aprender a vida cristã, dia a dia e lição por lição. Muitos cristãos imaturos são assim. Eles precisam levar o jugo de Cristo sobre si e aprender com Ele. O que eles precisam aprender? Jesus disse: *aprendei de mim, porque sou manso e humilde de coração.* Cristãos imaturos precisam abrandar seu zelo com mansidão e humildade. Se tivermos zelo como Saulo, mas não a humildade de Cristo, vamos ser empecilhos para o evangelho.

Saulo teve que aprender esta lição. Então, por insistência do próprio Senhor, Saulo relutantemente saiu de Jerusalém e foi para sua casa em Tarso. Ele ficou lá, pelo menos, sete anos e, possivelmente, dez. Durante esses anos, ele aprendeu mansidão e humildade.

A essa altura, Saulo sai fora da narrativa, por um momento. Mas quando faz sua próxima aparição, vemos que ele é um homem transformado — tornou-se humilde, foi disciplinado e se tornou obediente a Deus.

Como vamos reconhecer este novo Saulo, este homem que em breve se tornará o poderoso apóstolo Paulo? Vamos reconhecê-lo pelo jugo de Cristo sobre seu pescoço.

Ray Stedman
God's Unfinished Book: Journeying through the Book of Acts
(O livro inacabado de Deus: caminhando pelo livro de Atos),
Discovery House Publishers, 2008.

lembrar a experiência de Paulo em Atenas, onde ele encontrou um altar ao "Deus desconhecido". É esse "Deus desconhecido" com quem a ciência está lutando hoje: Seu nome é Jesus de Nazaré. Jesus é a grande força unificadora que mantém o Universo unido. Todo o poder no mundo natural vem dele; Ele é antes de todas as coisas, e nele tudo subsiste.

Paulo prossegue dizendo que aquele que criou o Universo e o mantém unido é também quem criou a Igreja e a mantém unida:

Ele é a cabeça do corpo, da igreja. Ele é o princípio, o primogênito de entre os mortos, para em todas as coisas ter a primazia (1:18).

Note, mais uma vez, o termo "primogênito". Jesus, diz Paulo, é "o primogênito de entre os mortos". O que isso significa? Em primeiro lugar, isso não significa que Jesus foi a primeira pessoa a ser ressuscitada dentre os mortos, porque as Escrituras registram outros que o precederam. De fato, o próprio Jesus ressuscitou alguns deles.

Paulo quer dizer que Jesus é o herdeiro, o Senhor de toda a nova criação. Ele é o Cabeça da nova criação, como o apóstolo nos diz, e nós somos parte de um novo Corpo, o novo Corpo de homens e mulheres que Deus está formando — um Corpo chamado Igreja. Jesus é a cabeça desse Corpo, e dele flui todo poder — *poder da ressurreição* que Ele demonstrou na primeira Páscoa.

Estou cada vez mais convencido de que o problema com a maioria dos cristãos e a maioria das igrejas é que nós não entendemos o que a Bíblia ensina sobre o poder da ressurreição. Se tivéssemos alguma ideia de como seu poder funciona, nunca viveríamos novamente como vivemos agora.

O poder da ressurreição não é ruidoso. É o tipo de poder que era evidente no Senhor Jesus. Ele veio em silêncio do túmulo — nenhum efeito sonoro, nenhuma pirotecnia, nenhuma luz piscando. Havia apenas o poder silencioso e irresistível de uma vida ressurreta. A pedra foi removida — não para deixar Jesus sair, mas para deixar as pessoas entrarem, de modo que pudessem ver que o túmulo estava vazio.

Este é o mesmo poder que Deus liberou em nós. Seu poder silencioso, porém irresistível, muda corações, vidas e atitudes, recriando a partir de dentro. Isso é poder da ressurreição. Ele flui para nós vindo do Cabeça da nova criação, o Cristo ressurreto, a fonte de todo o poder.

Cristo em vós, a esperança da glória

Em seguida, Paulo prossegue mostrando a quem Deus estende Seu poder:

E a vós outros também que, outrora, éreis estranhos e inimigos no entendimento pelas vossas obras malignas, agora, porém, vos reconciliou no corpo da sua carne, mediante a sua morte, para apresentar-vos perante ele santos, inculpáveis e irrepreensíveis (1:21,22).

Nessa passagem, Paulo se dirige não só aos colossenses, mas a você e a mim também. Nós também éramos estrangeiros, inimigos de Deus por causa do pecado; mas agora Deus nos reconciliou por meio da morte física de Jesus, desencadeando Seu poder de ressurreição, a fim de nos tornar santos e inculpáveis diante dele. Então, Paulo continua a nos dar uma demonstração desse poder em sua própria vida. Ele diz que Deus o chamou e o colocou no ministério para proclamar um mistério:

> ...da qual me tornei ministro de acordo com a dispensação da parte de Deus, que me foi confiada a vosso favor, para dar pleno cumprimento à palavra de Deus: o mistério que estivera oculto dos séculos e das gerações; agora, todavia, se manifestou aos seus santos; aos quais Deus quis dar a conhecer qual seja a riqueza da glória deste mistério entre os gentios, isto é, Cristo em vós, a esperança da glória (1:25-27).

Em outras palavras, você não vai encontrar este mistério explicado no Antigo Testamento. Foi vivenciado lá, mas nunca explicado. No entanto, agora ele é desvendado aos santos, aos seguidores de Jesus Cristo. O que é este mistério? "Cristo em vós, a esperança da glória".

Cristo vivendo em você — esta é a declaração suprema da Igreja cristã. Você nunca terá pregado o evangelho até que tenha dito às pessoas não só que seus pecados serão perdoados quando vierem a Cristo, mas que o próprio Jesus vai habitar neles e capacitá-los. Esse é o poder transformador do evangelho: Jesus vive em nós e através de nós, dando-nos o poder da criação, o poder da ressurreição, para fazer tudo o que Deus espera que façamos e tudo para o que Ele nos criou.

Jesus morreu por nós para que Ele pudesse viver em nós. Essa é a glória suprema do evangelho cristão.

Conectado à fonte

Paulo prossegue descrevendo o que significa viver pelo poder de Cristo:

> ...o qual nós anunciamos, advertindo a todo homem e ensinando a todo homem em toda a sabedoria, a fim de que apresentemos todo homem perfeito em Cristo; para isso é que eu também me afadigo, esforçando-me o mais possível, segundo a sua eficácia que opera eficientemente em mim (1:28,29).

O que Paulo quer dizer quando fala sobre "esforçando-me o mais possível, segundo a sua eficácia que opera eficientemente em mim"? Bem, basta pensar na vida que Paulo viveu e no trabalho que ele realizou. Pense neste apóstolo incrível, com sua incansável jornada noite e dia, passando por naufrágio e dificuldades de todos os tipos, trabalhando com suas mãos, resistindo à perseguição, apedrejamentos, espancamentos e oposição, enquanto levava o evangelho de um lado a outro do Império Romano.

Alguns de nós pensamos que mal podemos fazer o que precisamos de um fim de semana a outro na nossa jornada de 8 horas de trabalho diário. Mas este homem deixou-se gastar dia e noite, sete dias por semana, pelo amor a Jesus Cristo. Ele não poderia fazê-lo em sua própria força ou energia. Então, ele se conectou a uma fonte de poder exterior, a suprema fonte de poder, e permitiu que esse poder fluísse através dele, fazendo a vontade de Deus.

Em outras palavras, Cristo em vós — a esperança da glória!

Se nós, cristãos, simplesmente entendêssemos o poder que Deus colocou à nossa disposição, nunca mais seríamos os mesmos. Jamais teríamos que implorar às pessoas na Igreja para realizar os ministérios ou as funções necessárias. Nunca teríamos escassez de obreiros para os nossos ministérios nos bairros, ou pessoas para atuar como conselheiros em viagens missionárias dos jovens. Nunca teríamos escassez de professores para a Escola Bíblica, líderes de estudo bíblico, conselheiros de jovens, ou voluntários para a equipe de visitação. Não daríamos desculpas: "Ah, não tenho força para fazer isso. Não tenho energia", porque todos temos essa energia disponível. A fonte é Cristo, o cabo de extensão é o Espírito Santo, e somos os pequenos aparelhos elétricos que Deus quer avivar com Seu poder de ressurreição e usar de acordo com Seu plano eterno.

Tesouros de sabedoria e conhecimento escondidos

Há ainda mais profundezas no mistério de Cristo. Ele não é apenas a fonte de energia. É também a fonte de compreensão, sabedoria e conhecimento. No capítulo 2, Paulo continua sua exploração nos mistérios de Cristo:

> ...*para que o coração deles seja confortado e vinculado juntamente em amor, e eles tenham toda a riqueza da forte convicção do entendimento, para compreenderem plenamente o mistério de Deus, Cristo, em quem todos os tesouros da sabedoria e do conhecimento estão ocultos* (2:2,3).

Paulo também nos alerta sobre certos falsos poderes que nos atrairiam para longe do verdadeiro poder que Cristo nos deu. Estes avisos são tão válidos e relevantes hoje como foram quando escritos. Mais do que nunca, as pessoas estão à procura de poder para alcançar objetivos, riqueza, posição e sucesso. As pessoas gastam milhões comprando os best-sellers dos últimos gurus de seitas, telefonando para linhas diretas com médiuns, ou frequentando seminários sobre "ciência da mente" em busca de poder pessoal. Ironicamente, estão à procura de falso poder enquanto ignoram o *verdadeiro* poder que está livremente disponível na pessoa de Jesus Cristo.

Se Jesus vive em nós, então já temos o que é preciso para viver neste mundo. Não precisamos de mais poder do que já possuímos. Não precisamos de mais Jesus; Ele só precisa mais de nós. Agora que temos o poder, nosso trabalho é viver por esse poder diariamente. Como Paulo nos diz:

> *Ora, como recebestes Cristo Jesus, o Senhor, assim andai nele, nele radicados, e edificados, e confirmados na fé, tal como fostes instruídos, crescendo em ações de graças* (2:6,7).

Não é suficiente apenas receber Jesus. Devemos viver nele. Quando fazemos isso, uma atitude de gratidão permeia nossa vida. Quando olha para alguns cristãos, você até poderia pensar que nossas Bíblias traduzem este versículo "crescendo em murmuração". Paulo ressalta a necessidade da gratidão em nossa vida.

O que nos rouba o espírito de gratidão? Principalmente, a ideia de que o poder vem do conhecimento humano, como Paulo explica:

> *Cuidado que ninguém vos venha a enredar com sua filosofia e vãs sutilezas, conforme a tradição dos homens, conforme os rudimentos do mundo e não segundo Cristo* (2:8).

Já vi esse princípio tragicamente ser praticado em muitas vidas. Vi jovens de lares cristãos partirem para a faculdade, cheios de

Moedas de Colossos com o busto de Demos.

fé e entusiasmo, mas retornando com sua fé destruída e seu entusiasmo transformado em ceticismo. Por quê? Porque foram expostos aos astutos e sutis ensinamentos da sabedoria humana. Ninguém os avisou — ou talvez eles tenham ignorado os avisos que receberam sobre a falsidade da sabedoria do mundo. Foram vítimas do conhecimento humano.

Esta afirmação pode parecer implicar que o evangelho é anti-intelectual. Mas a Bíblia não é contra o conhecimento. É contra o conhecimento que se opõe à Palavra de Deus. Nem todo o conhecimento deste mundo é conhecimento falso — muito dele é bom e verdadeiro. Da mesma forma, nem todo o conhecimento é encontrado nas Escrituras. Por exemplo, conhecimentos médicos e técnicas cirúrgicas; conhecimentos técnicos, tais como a forma de fabricar um computador ou um ônibus espacial; conhecimento histórico, como a derrota de Napoleão em Waterloo ou eventos da Guerra da Secessão — tudo isso é conhecimento humano valioso, que não pode ser encontrado nas Escrituras.

Paulo quer nos fazer entender que há um conhecimento enganoso que vem de fontes falsas — tradições e filosofias que se acumularam, ideia após ideia, ao longo dos séculos. Muitas dessas tradições e filosofias misturam verdade e erro de tal forma que os dois se tornam indistinguíveis. Aqueles que aceitam estas ideias acriticamente são obrigados a aceitar tanto erro como verdade.

O conhecimento enganoso deste mundo vai levar as pessoas para tais falsas noções como a que afirma que "o espírito humano é reciclado repetidamente através da reencarnação". Ou "Como ser humano, você tem potencial ilimitado para ser seu próprio deus, para construir sua própria moralidade". Ou "Um ser humano é apenas um ajuntamento de moléculas que nasce, vive e morre — não há vida após a morte, nenhum significado, nenhum Deus. Esta breve existência é tudo o que há". Essas filosofias são predominantes hoje, e todas são falsas — completamente contrárias ao verdadeiro conhecimento das Escrituras.

Paulo prossegue dizendo que há também o conhecimento enganoso que é construído sobre "os princípios básicos deste mundo, em vez de sobre os princípios de Cristo". O que ele quer dizer? Paulo refere-se aqui aos poderes das trevas que regem este mundo, obscurecem o intelecto humano e levam os seres humanos a erros destrutivos. Muito do que os seres humanos consideram "conhecimento" é, na verdade, engano demoníaco.

Mesmo o mais verdadeiro e puro conhecimento humano não chega ao cerne da realidade como a Palavra de Deus o faz. A verdade deste mundo, quando é validada pela Palavra de Deus, pode complementar a verdade das

Escrituras (como quando descobertas arqueológicas confirmam relatos bíblicos). Mas o conhecimento humano nunca pode substituir, contradizer ou invalidar a Palavra de Deus. A sabedoria de Deus está sempre acima de qualquer conhecimento deste mundo.

Pense nas coisas lá do alto

Paulo prossegue alertando contra uma segunda fonte falsa de poder que pode desviar as pessoas:

Ninguém, pois, vos julgue por causa de comida e bebida, ou dia de festa, ou lua nova, ou sábados, porque tudo isso tem sido sombra das coisas que haviam de vir; porém o corpo é de Cristo […] Se morrestes com Cristo para os rudimentos do mundo, por que, como se vivêsseis no mundo, vos sujeitais a ordenanças: não manuseies isto, não proves aquilo, não toques aquiloutro, segundo os preceitos e doutrinas dos homens? Pois que todas estas coisas, com o uso, se destroem (2:16,17, 20-22).

O que é essa falsa fonte de poder? É conhecida por muitos nomes: zelo desenfreado, legalismo, extremismo religioso, a prática de fazer julgamentos e farisaísmo. Esta falsa fonte de poder se manifesta na observação de dias, festas especiais, bem como os regulamentos e práticas ascéticas — flagelar o corpo, vestir roupas especiais ou trabalhar por longas horas por zelo por uma causa. Tais práticas podem parecer fontes de poder espiritual, mas, conforme o apóstolo, elas não o são.

Tais coisas, com efeito, têm aparência de sabedoria, como culto de si mesmo, e de falsa humildade, e de rigor ascético; todavia, não têm valor algum contra a sensualidade (2:23).

Veja só, você pode vestir uma roupa feita de pano de saco e estar cheio de luxúria. Você pode bater em seu corpo até deixá-lo roxo e ainda ser culpado de pensamento lascivo. Estas armadilhas exteriormente legalistas e ascéticas não fornecem nenhuma confirmação à indulgência da carne. Portanto, elas não geram qualquer poder para levar ao tipo de vida para a qual fomos chamados.

Por fim, Paulo menciona uma terceira fonte de falso poder — uma das fontes mais enganosas de todas!

Ninguém se faça árbitro contra vós outros, pretextando humildade e culto dos anjos, baseando-se em visões, enfatuado, sem motivo algum, na sua mente carnal (2:18).

Aqui, Paulo está falando de um engano espiritual que é tão real e perigoso hoje quanto era no primeiro século d.C. É a crença de que, se pudermos entrar em contato com espíritos invisíveis, ou com os mortos, e receber mensagens deles, então, poderemos ter acesso ao poder espiritual oculto e ao conhecimento. Os cristãos de Colossos estavam incomodados com essas influências, assim como nós estamos. Hoje, vemos uma crescente influência da Nova Era, ocultismo, astrologia, satanismo, magia, sessões espíritas e muito mais. Todas essas práticas são substitutos satânicos para o poder de Jesus Cristo que habita em nós.

No capítulo 3, o apóstolo abordou novamente a *verdadeira manifestação de poder,* o poder de Cristo, e como podemos lançar mão dele:

Portanto, se fostes ressuscitados juntamente com Cristo, buscai as coisas lá do alto, onde Cristo vive, assentado à direita de Deus. Pensai nas coisas lá do alto, não nas que são aqui da terra (3:1,2).

Paulo não está dizendo que devemos andar constantemente pensando no céu. Ele está simplesmente dizendo "não deixe seus desejos e atitudes serem governados pela vontade de ter riqueza terrena, fama, prazer ou poder. Em vez disso, deixe seus desejos serem moldados pela Palavra de Deus". Devemos exibir amor, verdade, fé e paciência — as qualidades que marcam a vida do Senhor ressurreto. Devemos manifestar o céu na nossa vida cotidiana. Paulo prossegue dizendo:

Fazei, pois, morrer a vossa natureza terrena: prostituição, impureza, paixão lasciva, desejo maligno e a avareza, que é idolatria (3:5).

Deus já condenou a natureza terrena à morte na cruz. Quando ela se manifesta em nós, devemos tratá-la como um prisioneiro culpado sob sentença de morte. Não devemos ceder a qualquer uma dessas práticas. Devemos abandoná-las. Esse é o primeiro passo. O segundo passo é encontrado nestes versículos:

Revesti-vos, pois, como eleitos de Deus, santos e amados, de ternos afetos de misericórdia, de bondade, de humildade, de mansidão, de longanimidade. Suportai-vos uns aos outros, perdoai-vos mutuamente, caso alguém tenha motivo de queixa contra outrem. Assim como o Senhor vos perdoou, assim também perdoai vós; acima de tudo isto, porém, esteja o amor, que é o vínculo da perfeição (3:12-14).

O que Paulo quer dizer? Ele está nos dizendo que Cristo já habita em nós. Uma vez que Ele vive dentro de nós, nosso desafio é simplesmente deixar de obstruir Seu caminho e permitir que Sua vida se manifeste em nós. Devemos permitir que essas características semelhantes às de Cristo borbulhem em nossa vida. Sua vida em nós as tornará autênticas, não artificiais.

Paulo continua listando algumas áreas específicas em que essas características devem ser exibidas em nossa vida:

Esposas, sede submissas ao próprio marido, como convém no Senhor. Maridos, amai vossa esposa e não a trateis com amargura. Filhos, em tudo obedecei a vossos pais; pois fazê-lo é grato diante do Senhor. Pais, não irriteis os vossos filhos, para que não fiquem desanimados. Servos, obedecei em tudo ao vosso senhor segundo a carne, não servindo apenas sob vigilância, visando tão somente agradar homens, mas em singeleza de coração, temendo ao Senhor. Senhores, tratai os servos com justiça e com equidade, certos de que também vós tendes Senhor no céu (3:18-22; 4:1).

Todos os nossos relacionamentos, desde os familiares até o relacionamento com os que estão debaixo de nossa autoridade ou sobre nós em autoridade, devem apresentar o caráter e o amor de Jesus Cristo. A vida do Senhor deve brilhar por nosso intermédio.

Paulo conclui sua carta aos colossenses com estas advertências práticas:

Perseverai na oração, vigiando com ações de graças. Suplicai, ao mesmo tempo, também por nós, para que Deus nos abra porta à palavra, a fim de falarmos do mistério de Cristo, pelo qual também estou algemado; para que eu o manifeste, como devo fazer. Portai-vos com sabedoria para com os que são de fora; aproveitai as oportunidades (4:2-5).

Em seguida, Paulo continua com saudações pessoais daqueles que estão com ele. Ele conclui a carta, como era seu costume, tomando a pena em sua própria mão e escrevendo:

A saudação é de próprio punho: Paulo. Lembrai-vos das minhas algemas. A graça seja convosco (4:18).

A chave de Colossenses e o fundamento para a alegria

Eu disse no início deste capítulo que Paulo expressa o tema de Colossenses em sua oração introdutória (1:10-12), e é aqui onde encontramos o versículo-chave para o todo o livro:

...não cessamos de orar por vós e de pedir que transbordeis de pleno conhecimento da sua vontade, em toda a sabedoria e entendimento espiritual; a fim de viverdes de modo digno do Senhor [...] sendo fortalecidos com todo o poder, segundo a força da sua glória... (1:9-11).

Que tremenda verdade! Não é isso que todos nós queremos? Não queremos, como cristãos, ver o poder de Cristo e Sua vida manifesta em nós? Essa é a chave para experimentar tudo o que Deus planejou para nós: "com alegria, dando graças ao Pai, que vos fez idôneos à parte que vos cabe da herança dos santos na luz" (1:11,12). E o que Ele planeja que experimentemos é nada menos do que alegria!

O mundo não pode produzir vida alegre. Ele pode nos dar entusiasmo, emoções e êxtase — uma gama de emoções intensas e passageiras. Mas o mundo não pode nos dar alegria genuína. O mundo não pode nos ajudar a suportar provações com coragem ou aceitar as dificuldades com fé e paciência. Isso requer o poder que só vem de Jesus Cristo. Seu poder transforma nossas dificuldades e provações em alegria — genuína, duradoura e sobrenatural!

Isso é o que Paulo quer dizer quando escreve: "Cristo em vós, a esperança da glória". Essa é a mensagem de Colossenses.

PERGUNTAS PARA DISCUSSÃO

COLOSSENSES
Poder e alegria

1. Leia Cl 1:15-23. Qual é o relacionamento do Senhor Jesus com o Universo criado e com a Igreja? Como essa percepção afeta sua fé e sua vida? Do que Jesus nos resgatou? E que bênçãos e benefícios Ele nos deu?

2. O que é poder da ressurreição? Como é esse poder? De onde ele vem? Como podemos obtê-lo?

3. Observe em Cl 1:27 a frase, "Cristo em vós, a esperança da glória". O que essa frase significa para você de maneira prática e pessoal? Como essa frase afeta o modo como você vê sua fé e a vida cristã? Como podemos nos conectar à fonte de poder da ressurreição que é "Cristo em vós"? Como essa frase afeta seu testemunho de Jesus Cristo?

4. Leia Cl 2:1-8. O que precisamos a fim de ficarmos firmes na fé cristã e não sermos enganados por filosofias enganosas? Quais são alguns dos sinais de falso ensinamento no versículo 8?

5. Leia Cl 3:1-4. O que significa, em termos práticos e cotidianos "pensai nas coisas lá do alto, não nas coisas terrenas"? Que tipos de "coisas terrenas" devemos deixar de fora de nossa mente? Em que tipos de "coisas do alto" devemos nos concentrar? É possível ter uma mente tão voltada para o céu que deixemos de ser bom para o Senhor em termos terrenos? Explique sua resposta.?

APLICAÇÃO PESSOAL

6. Leia Colossenses capítulo 3. Viver a ressurreição requer que nos dispamos do velho eu e nos revistamos do novo eu. Quais são algumas das marcas da pessoa que foi ressuscitada com Cristo e se revestiu do novo eu?

Quais são algumas das atitudes e ações semelhantes às de Cristo que você deseja desenvolver em sua vida e em seu caráter? Quais passos você pode tomar esta semana para se tornar o tipo de pessoa cuja mente esteja nas coisas do alto, não nas coisas terrenas? À medida que você cresce nessas qualidades, que impacto você acha que elas vão ter em seu testemunho por Jesus Cristo?

7. Leia Cl 4:2-6. O apóstolo Paulo condensa várias instruções cruciais em alguns versículos. Ele diz aos colossenses para dedicarem-se às seguintes coisas:

- orar (louvor e petição)
- vigiar (ansiosamente esperar a volta do Senhor)
- ser grato
- orar pelos outros (oração de intercessão)
- testemunhar
- exercer a hospitalidade com estranhos
- aproveitar ao máximo cada oportunidade
- falar graciosamente
- estar sempre pronto com uma resposta sobre sua fé em Cristo

Você tem se dedicado a essas disciplinas espirituais importantes? Que passos podem ser tomados esta semana para começar a tornar essas disciplinas espirituais hábitos diários?

Fontes de água quente em Hierápolis

1 TESSALONICENSES

CAPÍTULO 9

Esperança para um mundo desesperançado

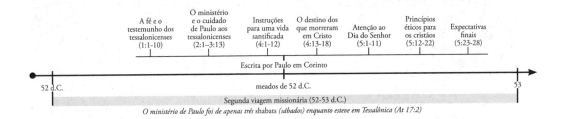

O ministério de Paulo foi de apenas três shabats (sábados) enquanto esteve em Tessalônica (At 17:2)

Alguns anos atrás, uma equipe de arqueólogos estava escavando numa parte antiga da cidade grega de *Thessaloniki* — também chamada de Salônica ou Tessalônica — uma cidade portuária na Macedônia, nordeste da Grécia. Enquanto os arqueólogos escavavam, descobriram um cemitério que datava do primeiro século d.C. Entre as lápides pagãs, eles encontraram uma inscrição em grego com as palavras "Sem esperança". Que ironia, pois ao examinarmos a primeira carta de Paulo aos cristãos que viviam naquela cidade durante aquela época, vemos que seu tema é a *esperança do cristão*.

À medida que nos aventuramos pelo livro de 1 Tessalonicenses, vemos que os cristãos a quem Paulo escreveu esta carta viveram durante um tempo de grande turbulência e perseguição. O mundo estava em processo de degradação. No entanto, a mensagem de Paulo para eles era: "Há esperança! Deus está no controle e Jesus está voltando!".

O pano de fundo e a estrutura de 1 Tessalonicenses

Muitas cidades onde Paulo pregou e fundou igrejas há muito estão em ruínas, mas Thessaloniki ainda é uma metrópole próspera e movimentada. Apesar de ter sido uma província romana nos dias de Paulo, a cidade teve uma história conturbada: ocupada pelos sarracenos no século 10.º, pelos normandos no século 12, pelos turcos de 1430 a 1912, e pelos nazistas durante a Segunda Guerra Mundial.

O relato de Atos 17 fala sobre a fundação da Igreja por Paulo em Tessalônica. Depois que Paulo e Silas foram presos em Filipos por pregar o evangelho, um terremoto sacudiu a prisão, quebrando as portas e libertando os prisioneiros. Felizmente para o carcereiro de Filipos, que teria sido executado se qualquer prisioneiro tivesse escapado, nenhum deles fugiu. Paulo, então, foi oficialmente libertado

> **OBJETIVOS DO CAPÍTULO**
>
> O objetivo deste capítulo é mostrar que a mensagem de 1 Tessalonicenses nunca foi tão relevante como é hoje. A cultura que cercava a igreja de Tessalônica é muito semelhante à nossa própria devido a imoralidade desenfreada e a hostilidade contra a fé cristã. Os cristãos de Tessalônica estavam confusos e perturbados com falsos ensinamentos a respeito da volta de Cristo, da mesma forma como muitas igrejas estão atualmente. Paulo escreveu esta carta que nos ensina a perseverar — uma mensagem de esperança para os tempos difíceis como os nossos.

Aventurando-se através da Bíblia   107

pelos magistrados romanos e deixou Filipos para viajar para Tessalônica.

Com o relato de Atos, aprendemos que Paulo esteve lá por cerca de três semanas antes que a perseguição iniciasse, forçando-o a deixar a cidade para sua própria segurança. Ele foi para Atenas e enviou Timóteo de volta a Tessalônica para ver como os cristãos estavam, pois temia que a perseguição comprometesse a fé recém-nascida professada por eles.

Paulo, então, prosseguiu para Corinto, onde fundou outra Igreja depois de vários meses de trabalho árduo. Posteriormente, Timóteo retornou para ele em Corinto, trazendo-lhe notícias de como os tessalonicenses estavam.

A primeira carta de Paulo aos tessalonicenses foi escrita por volta do ano 50 d.C, tornando-a (cronologicamente) a primeira das epístolas de Paulo. Na verdade, ela pode muito bem ser o primeiro livro escrito do Novo Testamento (embora alguns estudiosos da Bíblia acreditem que os evangelhos de Mateus e Marcos possam ser datados de 43 a 45 d.C.).

Essa carta foi escrita a uma Igreja aguerrida e vigorosa que tinha apenas alguns meses de vida. Era formada por cristãos que tinham acabado de vir a Cristo por meio do ministério de Paulo. É uma carta encantadoramente pessoal, revelando o coração do apóstolo com relação a esses novos cristãos. Também revela as lutas intensas que os primeiros cristãos enfrentaram naquela cidade.

A primeira carta aos Tessalonicenses pode ser dividida em duas partes principais. Nos três primeiros capítulos, o apóstolo derrama seu coração a respeito de seu relacionamento com eles. Nos dois últimos capítulos, Paulo dá instruções práticas sobre como experimentar esperança em meio às pressões da vida.

Problemas que parecem familiares

Hoje, vivemos num mundo que é cada vez mais hostil ao cristianismo. Em muitos países, os cristãos são perseguidos ou mortos por causa de sua fé. Na verdade, não é difícil imaginar que, mesmo no Ocidente, os cristãos em

A CARTA DE 1 TESSALONICENSES

Relacionamento pessoal de Paulo com os cristãos tessalonicenses (1 Tessalonicenses 1–3)

Paulo reconhece os tessalonicenses pelo seu crescimento 1

Como Paulo fundou a igreja em Tessalônica 2:1-16

Como Timóteo fortaleceu a Igreja 2:17–3:10

O desejo de Paulo de visitar os tessalonicenses 3:11-13

Instruções práticas de Paulo aos tessalonicenses — e esperança eterna (1 Tessalonicenses 4–5)

Instruções para o crescimento 4:1-12

Os mortos em Cristo serão ressuscitados 4:13-18

O Dia da vinda do Senhor 5:1-11

Instruções para uma vida justa 5:12-22

Conclusão 5:23-28

breve poderão ser perseguidos ativamente, por causa de sua fé, devido a sociedade ser cada vez mais ímpia.

Esse era o ambiente que cercava Paulo e os cristãos de Tessalônica. Onde quer que o apóstolo Paulo fosse, ele era perseguido por um grupo de judaizantes linha-dura que contavam aos outros que ele não era um apóstolo genuíno porque não fazia parte dos doze originais. Da mesma forma, os cristãos de Tessalônica foram severamente perseguidos pelos pagãos de Tessalônica, que os ameaçavam e apreendiam suas propriedades. Aqui estavam novos cristãos — alguns apenas com dias ou semanas de idade na fé — sendo chamados a suportar extrema dificuldade por causa de seu novo Senhor.

Atualmente, vivemos numa era de permissividade sexual e promiscuidade totalmente escancaradas, como o povo da sociedade grega do primeiro século. Na verdade, a religião pagã grega concordava com a promiscuidade sexual. As sacerdotisas dos templos pagãos eram, com muita frequência, prostitutas, fazendo seu comércio nos templos.

Outro desafio para a Igreja tessalonicense era a confusão sobre o retorno de Jesus Cristo. Paulo, evidentemente, havia lhes dito sobre a volta futura do Senhor, mas eles entenderam mal parte de seu ensinamento. Alguns esperavam que Cristo voltasse tão em breve que pararam de trabalhar para sobreviver e estavam simplesmente esperando que o Senhor voltasse para levá-los embora. Já que não estavam trabalhando, tinham se tornado sanguessugas para o restante da congregação. Além disso, havia tensões crescentes entre a congregação e a liderança da Igreja. Por fim, alguns se tornaram indiferentes à obra do Espírito Santo entre eles, e à verdade bíblica.

Não podemos negar esses paralelos entre a Igreja contemporânea e a Igreja de Tessalônica, entre a cultura que nos rodeia e a sociedade de Tessalônica. É por isso que 1 Tessalonicenses é uma mensagem para a nossa época.

Três qualidades dos tessalonicenses

Nos capítulos 1 a 3, Paulo derrama o seu coração para esses cristãos. Temia que eles pudessem não ter compreendido por que ele deixou Tessalônica, achando que os abandonara para evitar a perseguição. Assim, Paulo os relembra que acabara de passar por uma terrível perseguição em Filipos e que está profundamente preocupado com eles. O acesso ao coração de Paulo é encontrado no início desta parte:

> *Damos, sempre, graças a Deus por todos vós, mencionando-vos em nossas orações e, sem cessar, recordando-nos, diante do nosso Deus e Pai, da operosidade da vossa fé, da abnegação do vosso amor e da firmeza da vossa esperança em nosso Senhor Jesus Cristo* (1:2,3).

Três qualidades marcavam os cristãos de Tessalônica: sua obra de fé, seu trabalho de amor e sua firmeza na esperança. Essas qualidades são explicadas mais adiante neste capítulo onde lemos:

> *...como, deixando os ídolos, vos convertestes a Deus* [esta era sua obra de fé], *para servirdes o Deus vivo e verdadeiro* [seu trabalho de amor] *e para aguardardes dos céus o seu Filho, a quem ele ressuscitou dentre os mortos, Jesus* [sua firmeza, evidenciada por sua esperança na volta

do Filho de Deus], *que nos livra da ira vindoura* (1:9,10).

Curiosamente, essas três qualidades dos tessalonicenses servem como um breve resumo que se encontra no texto dos primeiros três capítulos do livro: a obra da fé (capítulo 1), o trabalho de amor (capítulo 2) e a firmeza na esperança (capítulo 3).

No capítulo 1, Paulo relembra aos tessalonicenses que as palavras que ele lhes falou quando fundou a Igreja não foram palavras de um ser humano:

> *...porque o nosso evangelho não chegou até vós tão somente em palavra, mas, sobretudo, em poder, no Espírito Santo e em plena convicção, assim como sabeis ter sido o nosso procedimento entre vós e por amor de vós* (1:5).

O evangelho que Paulo pregou não veio só em palavras, mas também em poder e no Espírito Santo. Quando os tessalonicenses acreditaram em sua palavra e deixaram sua devoção anterior aos ídolos, eles realizaram a obra da fé. De repente, as pessoas que viviam sem poder receberam o poder. As pessoas que uma vez viviam na desesperança tinham esperança. Elas tinham uma razão para viver, tinham propósito, e tinham o Espírito Santo se manifestando através da vida delas.

No capítulo 2, Paulo nos dá uma maravilhosa descrição do trabalho de amor. Isso não é apenas o trabalho dos tessalonicenses, mas o de Paulo também. Ele escreve:

> *Porque, vos recordais, irmãos, do nosso labor e fadiga; e de como, noite e dia*

TRÊS QUALIDADES ESPIRITUAIS DOS TESSALONICENSES

Obras de fé
Trabalho de amor
Firmeza de esperança

> *labutando para não vivermos à custa de nenhum de vós, vos proclamamos o evangelho de Deus. Vós e Deus sois testemunhas do modo por que piedosa, justa e irrepreensivelmente procedemos em relação a vós outros, que credes. E sabeis, ainda, de que maneira, como pai a seus filhos, a cada um de vós, exortamos, consolamos e admoestamos* (2:9-12).

Este foi o trabalho de amor de Paulo. E os tessalonicenses, evidentemente, fizeram o que Paulo os exortou a fazer, pois ele prossegue dizendo:

> *Tanto é assim, irmãos, que vos tornastes imitadores das igrejas de Deus existentes na Judeia em Cristo Jesus; porque também padecestes, da parte dos vossos patrícios, as mesmas coisas que eles, por sua vez, sofreram dos judeus, os quais não somente mataram o Senhor Jesus e os profetas, como também nos perseguiram, e não agradam a Deus, e são adversários de todos os homens* (2:14,15).

Este é o serviço, o trabalho de amor dos tessalonicenses.

O capítulo 3 diz como Paulo enviou Timóteo aos tessalonicenses, e como este trouxe notícias da perseguição que eles estavam sofrendo — mas, especialmente, de sua paciência e firmeza em meio àquela perseguição. Essa é uma poderosa descrição da firmeza da esperança, que capacitou os tessalonicenses a suportar suas provações com alegria.

Conselhos práticos de como viver

Os capítulos 4 e 5 são divididos em quatro partes curtas que abordam os problemas que os tessalonicenses enfrentavam. A primeira exortação do apóstolo é viver de forma pura no meio de uma sociedade saturada de sexo, e ele começa por lembrar-lhes de que ele já os ensinou a viver:

> *Finalmente, irmãos, nós vos rogamos e exortamos no Senhor Jesus que, como de nós recebestes, quanto à maneira por que deveis viver e agradar a Deus, e efetivamente estais fazendo, continueis progredindo cada vez mais* (4:1).

Paulo não tinha lhes ensinado que deviam viver uma vida boa e pura, como muitas pessoas creem que o cristianismo ensina. O budismo ensina isso. O islamismo ensina isso. A maioria das religiões advoga um estilo de vida moral — e o cristianismo certamente o faz, mas isso não é a sua ênfase principal. O cristianismo não está tão preocupado com regras e leis, mas com um relacionamento. Pelo fato de termos um relacionamento de amor com Deus por meio de Jesus Cristo, naturalmente, queremos agradá-lo.

Bem, qual tipo de vida é essencial para agradar a Deus? Fé! Sem fé é impossível agradar a Deus. Você não pode agradá-lo por seus próprios esforços, lutando para alcançar um padrão moral. Você agrada a Deus dependendo somente dele e permitindo a Ele viver através de você. A vida do Senhor em nós produz o comportamento que é moralmente puro.

Isso não quer dizer que seremos perfeitos, mas vamos fazer progresso, e a perfeição em Cristo será nossa meta contínua. Se a nossa vida é marcada pela impureza, é um sinal claro de que não estamos manifestando a vida de fé. Como Paulo diz:

> *Pois esta é a vontade de Deus: a vossa santificação, que vos abstenhais da prostituição; que cada um de vós saiba possuir o próprio corpo em santificação e honra, não com o desejo de lascívia, como os gentios que não conhecem a Deus; e que, nesta matéria, ninguém ofenda nem defraude a seu irmão; porque o Senhor, contra todas estas coisas, como antes vos avisamos e testificamos claramente, é o vingador, porquanto Deus não nos chamou para a impureza, e sim para a santificação. Dessarte, quem rejeita estas coisas não rejeita o homem, e sim a Deus, que também vos dá o seu Espírito Santo* (4:3-8).

Isso é o que Deus espera daqueles que estão em um relacionamento vivo com Ele.

A segunda preocupação de Paulo é a questão de viver de forma honesta e produtiva. Como ele diz em 1Ts 4:9-12, devemos mostrar amor para com o outro, e a manifestação prática desse amor é que todos possam se ocupar e trabalhar com suas mãos para que não dependam de ninguém mais para sustento. Deus não quer que incentivemos a preguiça ou subsidiemos pessoas improdutivas. Em vez disso, Paulo diz a cada pessoa para se esforçarem:

...para ter uma vida tranquila, cuidar dos seus próprios negócios e trabalhar com as próprias mãos, como nós os instruímos; a fim de que andem descentemente aos olhos dos que são de fora e não dependam de ninguém (4:11,12 NVI).

Nossa esperança presente e futura

No versículo 13, chegamos ao grande problema na Igreja de Tessalônica, e também ao tema culminante da carta: a incompreensão dos tessalonicenses sobre a vinda do Senhor e a razão da esperança deles. Os cristãos de Tessalônica tinham a ideia de que quando Jesus Cristo voltasse a Terra pela segunda vez para começar seu reino milenar, aqueles que estivessem vivos entrariam com Ele neste reino. Eles esperavam a volta do Senhor enquanto ainda estivessem vivos. Mas e quanto àqueles que tinham morrido neste meio tempo? Eles não perderiam todos os benefícios e as bênçãos do milênio?

Esse pensamento provavelmente surgiu por causa de um mal-entendido sobre a doutrina da ressurreição. Eles pensavam em termos de apenas uma ressurreição, um único evento que ocorreria no final do milênio, quando os mortos seriam ressuscitados, bons e maus de igual forma, para estar diante do tribunal de Deus. E há passagens, é claro, que falam de uma ressurreição que virá no final do milênio. Paulo indica que a ressurreição não ocorre em um único evento, mas que grupos de cristãos são ressuscitados em vários momentos. Observe seu argumento:

Não queremos, porém, irmãos, que sejais ignorantes com respeito aos que dormem, para não vos entristecerdes como os demais, que não têm esperança. Pois, se cremos que Jesus morreu e ressuscitou, assim também Deus, mediante Jesus, trará, em sua companhia, os que dormem (4:13,14).

Em outras palavras, aqueles que morreram em Cristo vão ser ressuscitados; e voltarão com Jesus quando Ele retornar para estabelecer o Seu reino milenar. Mas isso apresenta outro problema: Como eles voltarão com Jesus em forma corpórea, quando seus corpos foram colocados na sepultura? Que garantia os cristãos podem ter de que esta afirmação é verdadeira? "Ah", diz o apóstolo Paulo, "deixe-me dar-lhe uma revelação que recebi do Senhor!":

Ora, ainda vos declaramos, por palavra do Senhor, isto: nós, os vivos, os que ficarmos até à vinda do Senhor, de modo algum precederemos os que dormem. Porquanto o Senhor mesmo, dada a sua palavra de ordem, ouvida a voz do arcanjo, e ressoada a trombeta de Deus, descerá dos céus, e os mortos em Cristo ressuscitarão primeiro; depois, nós, os vivos, os que ficarmos, seremos arrebatados juntamente com eles, entre nuvens, para o encontro do Senhor nos ares, e, assim, estaremos para sempre com o Senhor. Consolai-vos, pois, uns aos outros com estas palavras (4:15-18).

Paulo está descrevendo um aspecto do retorno do Senhor que ocorre antes que Ele estabeleça o reino milenar. Cristo virá para o Seu povo, a fim de reunir os que são Seus para estar com Ele, em Sua presença, antes do Seu retorno final para estabelecer o Seu reino. Este primeiro evento é chamado de

Parousia em grego, e não se refere à segunda vinda de Cristo. Na *Parousia*, os mortos em Cristo serão ressuscitados, para que todos nós estejamos com Ele quando Ele estiver pronto para retornar e estabelecer o Seu reino. Os tessalonicenses que perderam entes queridos não precisavam lamentar por aqueles que tinham morrido, porque os que morreram em Cristo precederão aqueles que estiverem vivos quando o Senhor vier para os Seus.

Ao comparar esta passagem com outras passagens do Antigo e Novo Testamentos, sabemos que, entre essa *Parousia* e a segunda vinda do Senhor para estabelecer o Seu reino, haverá um período de sete anos de grande tribulação mundial. Paulo prossegue falando desse período no capítulo 5:

> *Irmãos, relativamente aos tempos e às épocas, não há necessidade de que eu vos escreva; pois vós mesmos estais inteirados com precisão de que o Dia do Senhor vem como ladrão de noite* (5:1,2).

Ninguém pode definir uma data para esse evento. Acontecerá de repente e rapidamente. E quando o Senhor vier na *Parousia*, duas grandes sequências de eventos serão colocadas em movimento. O Senhor começará uma série de ocorrências em que todos os cristãos serão arrebatados para estar com Ele, e, ao mesmo tempo, Ele começará outra série de eventos na Terra conhecida como a grande tribulação — ou, como é chamado no Antigo Testamento, o Dia do Senhor.

Há dois "dias" que precisamos distinguir nas Escrituras: o Dia do Senhor e o Dia de Cristo. Ambos começam exatamente ao mesmo tempo, mas dizem respeito a dois grupos distintos de pessoas. O Dia de Cristo refere-se aos cristãos, ao passo que o Dia do Senhor se refere ao que vai acontecer com os incrédulos durante esse tempo.

Minha convicção pessoal, com base nos meus estudos das Escrituras, é que quando o Senhor vier para os Seus, quando os mortos em Cristo ressuscitarem e quando nós, os vivos, formos arrebatados com eles para estarmos com o Senhor, *nós não deixaremos este planeta*. Ficaremos aqui com o Senhor, administrando visivelmente os acontecimentos do período da tribulação à medida que eles se tornam julgamento sobre os vivos que permanecem na Terra. As cenas terríveis daquele dia são vividamente retratadas no livro de Apocalipse.

O apóstolo Paulo diz aos cristãos tessalonicenses que ninguém sabe quando isso vai acontecer:

> *Quando andarem dizendo: Paz e segurança, eis que lhes sobrevirá repentina destruição, como vêm as dores de parto à que está para dar à luz; e de nenhum modo escaparão. Mas vós, irmãos, não estais em trevas, para que esse Dia como ladrão vos apanhe de surpresa* (5:3,4).

Esse dia surpreenderá as pessoas do mundo como um ladrão — mas ele não precisa nos surpreender, porque nós o aguardamos. Como podemos ter certeza de que não nos surpreenderemos com esses eventos? A resposta, diz Paulo, é ficar acordado:

> *Assim, pois, não durmamos como os demais; pelo contrário, vigiemos e sejamos sóbrios. Ora, os que dormem dormem de noite,*

e os que se embriagam é de noite que se embriagam (5:6,7).

Devemos permanecer acordados, sóbrios e alertas. Jamais presuma que a vida está simplesmente acontecendo como de costume. Devemos estar cientes do que Deus está fazendo ao longo da história, e devemos agir em conformidade com isso. Esses sinais nos são dados nas Escrituras para que possamos estar espiritualmente preparados e não para que não sejamos pegos de surpresa, como Paulo nos diz:

Nós, porém, que somos do dia, sejamos sóbrios, revestindo-nos da couraça da fé e do amor e tomando como capacete a esperança da salvação (5:8).

Paulo não está falando aqui sobre a salvação do inferno. Ele está se referindo à salvação que está para vir — a que nos livra da ira de Deus durante o tempo do julgamento. Ele prossegue dizendo:

...porque Deus não nos destinou para a ira, mas para alcançar a salvação mediante nosso Senhor Jesus Cristo, que morreu por nós para que, quer vigiemos, quer durmamos, vivamos em união com ele. Consolai-vos, pois, uns aos outros e edificai-vos reciprocamente, como também estais fazendo (5:9-11).

Aqui estava a resposta completa à aflição dos tessalonicenses. Eles não precisavam ficar desencorajados ou amedrontados. Ao contrário, eles podiam continuar com suas vidas, confiando que Deus estava no comando de todos os assuntos relativos à vida, à morte e ao

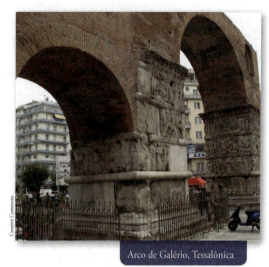

Arco de Galério, Tessalônica

além. E que, embora os tempos fossem extremamente perigosos, eles podiam se ocupar com a obra do Senhor, sabendo que estavam investindo num futuro certo.

Vivendo em paz

A parte final dessa carta fala de viver com confiança e de viver pacificamente em meio a condições problemáticas e incertas:

Agora, vos rogamos, irmãos, que acateis com apreço os que trabalham entre vós e os que vos presidem no Senhor e vos admoestam; e que os tenhais com amor em máxima consideração, por causa do trabalho que realizam. Vivei em paz uns com os outros (5:12,13).

Estava se desenvolvendo animosidade entre alguns líderes da Igreja, por isso é que Paulo diz "...lembrem-se de que essas pessoas estão preocupadas com o bem-estar de suas almas, e, embora eles tenham que falar de forma contundente às vezes, não é porque querem feri-los, mas ajudá-los. Lembrem-se disso e vivam

Antigas muralhas bizantinas, Tessalônica

em paz com eles e uns com os outros. Amem seus líderes, porque eles os servem".

Paulo prossegue com admoestações contra a ociosidade, encorajamento aos temerosos, ajuda aos necessitados e paciência com todos. Então, vem a admoestação mais importante de todas:

Evitai que alguém retribua a outrem mal por mal; pelo contrário, segui sempre o bem entre vós e para com todos (5:15).

Este é um dos mandamentos mais frequentemente quebrados nas Escrituras. Havia um famoso adesivo de carro que dizia: "Não fique zangado, vingue-se", e muitos cristãos obedecem a este adesivo em vez de obedecer a Palavra de Deus. Pagar o mal com o mal não tem lugar na Igreja, o Corpo de Cristo. Se formos imitadores de Cristo, exemplificando Seu evangelho, devemos então praticar a virtude do perdão em todos os momentos.

Paulo então passa a dizer aos tessalonicenses para se alegrar, orar continuamente e dar graças. Depois de várias outras admoestações, sua oração final por eles — e para todos os cristãos que leem esta carta poderosa, incluindo você e eu — é esta bela oração:

O mesmo Deus da paz vos santifique em tudo; e o vosso espírito, alma e corpo sejam conservados íntegros e irrepreensíveis na vinda de nosso Senhor Jesus Cristo (5:23).

Essas palavras resumem o grande e abrangente tema de 1 Tessalonicenses, pois elas resumem a esperança de todos os cristãos: Um dia todos nós estaremos diante de Deus, e todo o nosso espírito, alma e corpo serão irrepreensíveis naquele dia, graças ao que Jesus Cristo fez por nós.

Que benção, e que esperança!

PERGUNTAS PARA DISCUSSÃO

1 TESSALONICENSES
Esperança para um mundo desesperançado

1. Leia 1Ts 1. Paulo descreve a fé e o caráter dos cristãos de Tessalônica em termos elogiosos. Liste alguns dos atributos louváveis destes crentes. Sua igreja é caracterizada por esses atributos? Sua vida é caracterizada por esses atributos? Por quê?

2. Ao ler a descrição de Paulo dos cristãos tessalonicenses, que sinais ou evidências da ação do Espírito Santo você vê na vida deles?

3. Veja 1Ts 2. Nesse capítulo, Paulo escreve sobre duas obras de amor: sua própria obra de amor pelos tessalonicenses e a obra de amor dos tessalonicenses por Jesus. Quais são as marcas ou evidências do amor de Paulo? Quais são as evidências do amor dos tessalonicenses?

4. Leia 1Ts 4:1-12. Aqui, Paulo encoraja os cristãos de Tessalônica a viver para agradar a Deus. Quais instruções Paulo lhes dá a este respeito? Como Paulo esperava que esses cristãos apresentassem vidas santas, uma vez que viviam em uma cidade onde a tentação ao pecado era grande? Como os cristãos podem viver em santidade hoje em um ambiente que está saturado com a imoralidade na mídia de entretenimento, na internet e em toda a cultura?

5. Veja 1Ts 4:13-18. Discorra, em suas próprias palavras sobre o que Paulo diz que acontecerá quando o Senhor voltar. Estas palavras de Paulo lhe trazem conforto e encorajamento? Por quê? Qual é a base da nossa esperança relacionada a volta do Senhor?

6. Leia 1Ts 5:1-11. Segundo Paulo, em que data e a hora exatas o Senhor voltará (veja Mc 13:32)? Como podemos ter certeza de que estamos prontos para a volta do Senhor? O que esse dia significará para a humanidade em geral? O que esse dia significará para os cristãos? O que devemos fazer com as informações que Paulo nos fornece nestes versículos?

APLICAÇÃO PESSOAL

7. Veja 1Ts 5:12-28. Como devemos viver à luz do futuro retorno do Senhor? Quais conselhos práticos Paulo dá aos cristãos de Tessalônica sobre como viver para Cristo em tempos de incerteza?

Considerando sua própria caminhada de fé, em qual dessas ações você se destaca? Em qual delas falha? Quais passos específicos você pode tomar esta semana para se tornar um cristão mais completo que se destaca em todas essas ações?

8. Essa carta aos tessalonicenses traz esperança. Como está seu nível de esperança neste momento? Em meio a todas as pressões, tentações e provações da vida, você está fortemente alicerçado na esperança que tem em Jesus Cristo, especialmente na esperança de Sua volta? Essa esperança o encoraja, lhe dá energia e poder para sua fé? Por quê?

Quais passos você pode tomar esta semana para recarregar suas "baterias de esperança"?

Observação: Para uma pesquisa mais aprofundada das epístolas de 1 e 2 Tessalonicenses, leia *Waiting for the Second Coming: Studies in Thessalonians* (Esperando pela segunda vinda: Estudos em Tessalonicenses), Ray C. Stedman, (Discovery House Publishers, 1990.)

2 TESSALONICENSES
Detendo a iniquidade

CAPÍTULO 10

Encorajamento para provações e perseguição

Antes de Jesus Cristo deixar esta Terra, Ele disse que retornaria — mas que, antes de Seu retorno, haveria um tempo de provação, perseguição e iniquidade generalizada. Os fundamentos sociais seriam destruídos e a violência se tornaria tão generalizada que o coração das pessoas, literalmente, desfaleceria por causa do medo dos acontecimentos futuros. Seria um tempo de tribulação global, disse Jesus, "como desde o princípio do mundo até agora não tem havido e nem haverá jamais" (Mt 24:21).

Como os cristãos de Tessalônica estavam passando por um tempo de provação, muitos pensaram que já estivessem experimentando esse tempo predito de tribulação. O apóstolo Paulo escreveu essa segunda carta para corrigir alguns mal-entendidos que eles tinham sobre o Dia do Senhor.

Essa carta tem apenas três capítulos, e cada um é a correção de uma atitude comum que muitas pessoas, mesmo hoje, têm sobre os tempos turbulentos.

Encorajamento para provações e perseguição

O primeiro capítulo dessa carta é dedicado ao desânimo em tempos de provação. Os cristãos de Tessalônica estavam passando por perseguição, e embora eles estivessem suportando-a notavelmente bem, muitos estavam ficando desencorajados. "Por que tentar mais?", murmuravam. "Não há justiça. Tudo está sempre contra nós."

Como antídoto para essa atitude, Paulo os lembra de que chegará o dia quando Deus acertará as contas e irá recompensá-los por seus sofrimentos:

> ...a tal ponto que nós mesmos nos gloriamos de vós nas igrejas de Deus, à vista da vossa constância e fé, em todas as vossas perseguições e nas tribulações que suportais, sinal evidente do reto juízo de Deus, para

---

OBJETIVOS DO CAPÍTULO

Este capítulo explora os dois principais objetivos de 2 Tessalonicenses: (1) Encorajar os cristãos tessalonicenses em tempo de provação e pressão, e (2) ajudá-los a compreender os sinais e acontecimentos em torno do Dia do Senhor, que há tanto tempo vinha sendo profetizado. Paulo queria que os cristãos naquela igreja estivessem bem supridos de esperança como um escudo contra a crescente perseguição que enfrentavam. Esta mensagem de esperança é tão oportuna hoje como era há 20 séculos.

Aventurando-se através da Bíblia   119

que sejais considerados dignos do reino de Deus, pelo qual, com efeito, estais sofrendo; se, de fato, é justo para com Deus que ele dê em paga tribulação aos que vos atribulam e a vós outros, que sois atribulados, alívio juntamente conosco, quando do céu se manifestar o Senhor Jesus com os anjos do seu poder (1:4-7).

Nos Estados Unidos não passamos por muita perseguição durante os primeiros 200 e poucos anos de nossa história, embora hoje possamos ver indicações de que um tempo de perseguição possa ser iminente. Nossa cultura, meios de comunicação, tribunais e governo desafiam cada vez mais nossa liberdade religiosa, bem como a nossa fé cristã e moralidade. Em muitas partes do mundo, os cristãos sofrem e morrem devido a sua fé, e poderá chegar um dia quando nós, também, teremos que escolher entre permanecer firmes na fé e por nossa própria vida. Se esse dia chegar, iremos apreciar plenamente o significado das palavras de Paulo nessa carta.

Paulo lembra aos tessalonicenses que Deus não se esqueceu deles e que, por fim, Sua vontade e julgamento irão prevalecer.

Quando as pessoas passam por um momento de grande perseguição, elas dizem: "Será que não chegará o dia quando essa injustiça será reparada? Como Hitler pôde escapar da punição por ter matado milhões de judeus? Como Stalin conseguiu escapar da punição por ter matado tantos de seu próprio povo? Por que ditadores e líderes corruptos permanecem no poder? Por que Deus não pune esses malfeitores agora? Por que Ele espera tanto para acertas as coisas?".

Mas Paulo diz: "Tenham fé! Sejam pacientes! Está chegando o dia quando uma recompensa tripla será efetuada: *Primeiro*, os cristãos serão recompensados por seus sofrimentos, porque essas provações estabelecem sua resistência e os tornam dignos do reino de Deus que está por vir. *Segundo*, os incrédulos serão recompensados por sua incredulidade e más obras. *Terceiro*, o próprio Senhor será recompensado, pois Ele será *glorificado nos seus santos* e será *admirado em todos os que creram*. Isso inclui você, "porquanto foi crido entre vós o nosso testemunho" (2Ts 1:10).

Note que Paulo não diz que Deus vai ser glorificado *por* Seu povo, mas *em* Seu povo, quando Ele infundir Seu caráter em nossa vida para todo o mundo ver. Não é uma questão de louvor a ser oferecido a Deus pelos nossos lábios, mas de Deus receber glória no mundo à medida que Sua personalidade for vivida através do exemplo silencioso de nossa vida. Essa é uma das formas mais poderosas pela qual Deus é glorificado.

Agora, vamos dar uma olhada mais de perto no pagamento que os incrédulos receberão. Esse pagamento é o que a Bíblia chama de "inferno". Muitas pessoas veem o inferno como uma fornalha ardente onde as pessoas acorrentadas passam pelo tormento de serem continuamente queimadas pelo fogo. A Bíblia faz uso de símbolos do inferno que apoiam essa ideia, mas creio que a compreensão mais literal que podemos ter deste lugar é que é uma condição de estar para sempre excluído da presença do Senhor.

Deus é a fonte de tudo que é bom: beleza, verdade, vida, amor, alegria, paz, graça, força e perdão. Todas essas coisas só podem vir de Deus, e se alguém escolher o pecado e a

A CARTA DE 2 TESSALONICENSES

O encorajamento de Paulo para momentos de provação
(2 Tessalonicenses 1)

    Gratidão de Paulo pelos tessalonicenses 1:1-4

    Encorajamento para provações e perseguição 1:5-10

    A oração de Paulo pela bênção de Deus 1:11,12

O Dia do Senhor (2 Tessalonicenses 2)

    Sinais da proximidade do Dia do Senhor 2:1-7

    A segunda vinda de Cristo 2:8-12

    A esperança do cristão no Dia do Senhor 2:13-17

A conduta dos cristãos sob pressão (2 Tessalonicenses 3)

    Paciência; evitar a desordem 3:1-15

    Conclusão 3:16-18

vontade própria em detrimento dessas coisas boas, Deus por fim dirá: "Tenho procurado dar-lhe o meu melhor, mas você prefere o pior. Que seja como você quer". Quando essa pessoa receber o que exigiu ao longo da vida, isso será o inferno.

Explicação sobre o Dia do Senhor

No início de 2Ts 2, Paulo aborda os medos dos cristãos de Tessalônica:

Irmãos, no que diz respeito à vinda de nosso Senhor Jesus Cristo e à nossa reunião com ele, nós vos exortamos a que não vos demovais da vossa mente, com facilidade, nem vos perturbeis, quer por espírito, quer por palavra, quer por epístola, como se procedesse de nós, supondo tenha chegado o Dia do Senhor (2:1,2).

Os tessalonicenses, que já estavam passando por perseguição, tinham evidentemente recebido uma carta de alguém que assinara o nome de Paulo, dizendo-lhes que o Dia do Senhor havia chegado, e que os tempos iriam de mal a pior. Então, Paulo lhes diz: "não se deixem abalar pelo que está acontecendo ou por pessoas que estão tentando alarmá-los".

Paulo os lembra de que ele já havia explicado a diferença entre o Dia do Senhor e o tempo da vinda do Senhor para reunir o Seu povo para estar com Ele. Quando o Senhor vier para o Seu povo, Ele descerá do céu com alarido e a voz do arcanjo e a trombeta de Deus. Os mortos em Cristo serão ressuscitados, e nós, que permanecemos vivos, seremos arrebatados juntamente com eles, nas nuvens, para encontrar o Senhor nos ares. Esse é o nosso encontro com Jesus.

Mas o Dia do Senhor, o momento terrível de julgamento, é um evento completamente diferente. Tendo apresentado o assunto do Dia do Senhor, Paulo prossegue lhes dizendo como será esse dia e como eles podem dizer que ele está chegando:

Ninguém, de nenhum modo, vos engane, porque isto não acontecerá sem que primeiro venha a apostasia e seja revelado o homem da iniquidade, o filho da perdição, o qual se opõe e se levanta contra tudo que se chama Deus ou é objeto de culto, a ponto de assentar-se no santuário de Deus, ostentando-se como se fosse o próprio Deus (2:3,4).

Creio que a palavra *apostasia* utilizada em algumas traduções é enganosa. Traduzido literalmente, a palavra original no grego significa "uma partida". Muitos tradutores tomaram essa palavra para sugerir um afastamento da fé — isto é, apostasia. Eu não concordo. Creio que essa partida se refere à saída da Igreja, quando Jesus vier para reunir o Seu povo a Ele mesmo.

Considero essa uma passagem incrível, especialmente quando a ligamos com o restante das Escrituras, como os evangelhos. Quando Jesus estava aqui, Ele ofereceu-se ao povo judeu como o Messias prometido, e a maioria deles o rejeitou. Isso é o que João diz nos versículos iniciais de seu evangelho: "Veio para o que era seu, e os seus não o receberam" (Jo 1:11). E isto é o que Jesus disse ao povo: "Eu vim em nome de meu Pai, e não me recebeis; se outro vier em seu próprio nome, certamente, o recebereis" (Jo 5:43).

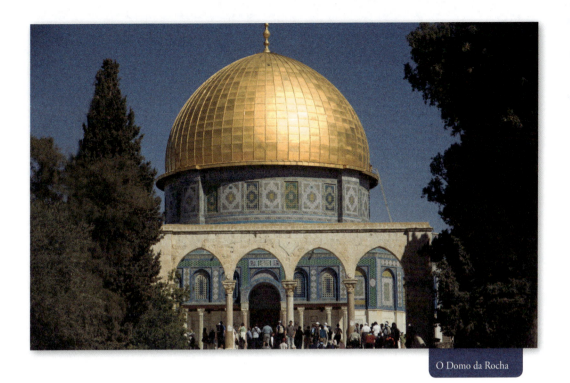

O Domo da Rocha

Quem é esta pessoa sobre quem Jesus está falando, esse "outro" que viria em seu próprio nome e seria aceito onde o próprio Messias fora rejeitado? É a mesma pessoa sobre quem Paulo fala, aquele a quem chama de *homem da iniquidade. [...] o filho da perdição*. Quem é este homem da iniquidade?

Paulo nos diz que ele será um indivíduo totalmente alheio a Deus, mas tão notável que as pessoas vão realmente aceitá-lo como um ser divinamente capacitado. Ele terá poderes extraordinários de comunicação e persuasão, e as pessoas ao vê-lo acreditarão que o mal é bom. O mundo está sedento para seguir tal líder. Mesmo os diplomatas, políticos e líderes de hoje estão à procura de um único líder que possa unir e trazer a paz ao mundo. Este homem da iniquidade será revelado no Templo de Deus em Jerusalém, diz Paulo.

Quando Paulo escreveu esta carta em mais ou menos 52 d.C., o Templo em Jerusalém ainda estava de pé; mas em 70 d.C., ele foi destruído, e nunca mais foi reconstruído. Na verdade, um grande local sagrado islâmico, o Domo da Rocha, agora se localiza onde o Templo costumava estar. As Escrituras predizem que os judeus encontrarão uma maneira de reconstruir outro Templo em Jerusalém, onde o Domo da Rocha está agora. Nesse futuro Templo, o homem da iniquidade vai tomar o seu lugar. Paulo prossegue dizendo:

Não vos recordais de que, ainda convosco, eu costumava dizer-vos estas coisas? E, agora, sabeis o que o detém, para que ele seja revelado somente em ocasião própria. Com efeito, o mistério da iniquidade já opera e aguarda somente que seja afastado aquele que agora o detém, então, será, de fato,

Aventurando-se através da Bíblia

123

revelado o iníquo, a quem o Senhor Jesus matará com o sopro de sua boca e o destruirá pela manifestação de sua vinda (2:5-8).

Esse mistério, "o poder secreto da iniquidade", tem confundido nossos líderes mundiais e pensadores ao longo dos séculos. Como o embaixador das Filipinas para os Estados Unidos, Carlos Romulo, disse certa vez: "Aproveitamos o poder do átomo, mas como podemos refrear as paixões dos homens?". O espírito da iniquidade e do desejo pelo poder se coloca como o maior perigo para qualquer nação. De fato, nesta época de armas de destruição em massa, ele ameaça toda a raça humana.

Mas Paulo diz que algo está detendo o poder da iniquidade, impedindo a total anarquia. Jesus deixou claro qual era essa força de detenção: "Vós sois o sal da terra", disse Ele. "Vós sois a luz do mundo" (Mt 5:13,14). O sal impede que a corrupção se espalhe. A luz dissipa a escuridão. Portanto, é a presença do povo de Deus na Terra que detém o poder secreto da iniquidade e do mal.

No entanto, precisamos entender que não somos nós que detemos a escuridão, mas é o Espírito de Deus que vive em nós e age por nosso intermédio. Assim, devemos ter certeza de que o Espírito Santo é dono de tudo o que há em nós, para que Ele possa estar totalmente presente no mundo guardando-o contra a corrupção e iluminando seus cantos escuros.

"O mistério da iniquidade já opera", diz Paulo, "mas aquele que agora o detém [o Espírito Santo] aguarda somente que seja afastado" (2Ts 2:7). Quando Jesus vier para reunir Seu povo fora deste mundo, o Espírito Santo — que vive em todos nós que somos seguidores de Jesus Cristo — será removido do mundo. A força de detenção irá embora. A iniquidade reinará sobre a Terra, mas apenas por um breve período de tempo. No final desse período, o homem da iniquidade, o Anticristo, será derrotado e o reino do mal chegará ao fim. Como Paulo escreve:

...então, será, de fato, revelado o iníquo, a quem o Senhor Jesus matará com o sopro de sua boca e o destruirá pela manifestação de sua vinda. Ora, o aparecimento do iníquo é segundo a eficácia de Satanás, com todo poder, e sinais, e prodígios da mentira, e com todo engano de injustiça aos que perecem, porque não acolheram o amor da verdade para serem salvos. É por este motivo, pois, que Deus lhes manda a operação do erro, para darem crédito à mentira, a fim de serem julgados todos quantos não deram crédito à verdade; antes, pelo contrário, deleitaram-se com a injustiça (2:8-12).

Deus plantou a verdade dentro de cada ser humano, no entanto, alguns optam por acreditar na mentira. Assim, Deus os entrega a uma ilusão poderosa, e aqueles que voluntariamente sentem prazer com a maldade permanecem atolados na mentira, até o seu autoengano e autodestruição estarem completos. A vinda de Jesus, o Filho do Homem, que destruirá o destruidor e a mentira — e todos aqueles que nela acreditam.

A conduta dos cristãos sob pressão

O capítulo 3 trata da conduta dos cristãos durante a perseguição e a pressão. Certas pessoas em Tessalônica estavam dizendo: "Por que não esperar até Jesus voltar por nós?

Por que deveríamos nos preocupar em ganhar a vida? Vamos apenas nos divertir e esperar por Sua vinda". Paulo lhes diz:

Nós vos ordenamos, irmãos, em nome do Senhor Jesus Cristo, que vos aparteis de todo irmão que ande desordenadamente e não segundo a tradição que de nós recebestes (3:6).

A declaração de Paulo é ocasionada por fatos que ele descreve mais tarde:

Pois, de fato, estamos informados de que, entre vós, há pessoas que andam desordenadamente, não trabalhando; antes, se intrometem na vida alheia. A elas, porém, determinamos e exortamos, no Senhor Jesus Cristo, que, trabalhando tranquilamente, comam o seu próprio pão. E vós, irmãos, não vos canseis de fazer o bem (3:11-13).

À medida que ficamos mais perto do tempo da volta de Cristo, diz Paulo, continuem a viver normalmente, continuem trabalhando, continuem arcando com suas responsabilidades. A vida cristã é normal, natural, e envolve o cumprimento de todas as responsabilidades que Deus coloca sobre nós. Portanto, Paulo rejeita o fanatismo irracional que diz: "Vamos largar tudo e esperar até que Jesus nos leve". Isso não é nem realista nem espiritual. É apenas preguiça e tolice. Ninguém sabe quando Jesus voltará. Apesar de muitos sinais parecerem indicar que o Seu retorno é iminente, Ele pode não vir nos próximos mil ou dez mil anos. Só Deus, o Pai, sabe o dia e a hora do retorno do Senhor.

Muitos cristãos de Tessalônica tinham sido enganados anteriormente por uma carta forjada que aparentava ser de Paulo. Para ter a certeza de que isso não aconteça novamente, Paulo lhes dá uma amostra da escrita de seu próprio punho:

A saudação é de próprio punho: Paulo. Este é o sinal em cada epístola; assim é que eu assino. A graça de nosso Senhor Jesus Cristo seja com todos vós (3:17,18).

Com essas palavras, Paulo fecha essa carta prática, poderosa e oportuna — até mesmo em nossos próprios dias e época. A aplicação prática dessa carta é a seguinte: o povo de Deus é chamado para ser aquele que detém a iniquidade, mas para isso, devemos permitir que Deus reine completamente em nossa vida. Se agirmos, mesmo que seja com o menor grau de iniquidade, como poderemos deter a iniquidade deste mundo? A medida com que subjulgarmos a iniquidade do nosso próprio coração determinará quão efetivamente Deus pode nos usar para deter a iniquidade deste mundo.

Depois de todos esses anos, a esperança da Igreja não diminuiu. Jesus está voltando, e nossa tarefa é trabalhar, vigiar, esperar pacientemente e ter esperança até ouvirmos o brado de triunfo e vê-lo vindo nas nuvens para nos buscar.

PERGUNTAS PARA DISCUSSÃO

2 TESSALONICENSES
Detendo a iniquidade

1. Leia 2Ts 1:5-10. O que Paulo oferece como conforto para os sofrimentos pelos quais os tessalonicenses estavam passando?

2. Veja 2Ts 1:11,12. Como Paulo ora pelos tessalonicenses? O que podemos aprender com essa oração?

3. Leia 2Ts 2:1,2. Que conselho Paulo dá para os momentos quando as pessoas ouvirem rumores inquietantes ou profecias alarmantes sobre a volta do Senhor?

4. Qual é a diferença entre o dia da volta do Senhor para reunir a Igreja e o Dia do Senhor profetizado por tanto tempo?

O autor argumenta que a palavra "apostasia" em 2:3 deveria ser traduzida como "partida", e é uma referência à partida da Igreja quando Jesus levar Seu povo para fora do mundo. Uma vez que o Espírito Santo vive no povo de Deus, quando eles forem removidos do mundo, o Espírito Santo deixará o mundo e o "homem da iniquidade", o Anticristo, será revelado. Você concorda ou não com esta interpretação? Explique sua resposta.

Quem será enganado naquele dia? Por que eles serão enganados?

5. Veja 2Ts 2:13-17. Qual é a essência da mensagem de Paulo aos tessalonicenses nesses versículos? O que ele os encoraja a fazer? Qual é a oração dele por eles?

6. Leia 2Ts 3:6-15. Por que Paulo emitiu uma forte advertência contra a ociosidade? Essa passagem dá a impressão de que este era um grande problema na igreja de Tessalônica? Essa mensagem é relevante para os tempos em que vivemos hoje? Por quê?

APLICAÇÃO PESSOAL

7. As profecias bíblicas sobre o retorno do Senhor nos enchem de ansiedade ou expectativa? Como a esperança do retorno de Jesus afeta a sua fé?

8. Compare 2Ts 3:6-15 com Cl 3:23. Isso o ajuda em sua caminhada de fé por saber que o seu trabalho diário e as tarefas rotineiras são uma forma de serviço ao Senhor? As palavras de Paulo nessa carta o ajudam a ver o valor e a honra de simplesmente trabalhar para viver e se comportar como um cidadão responsável em sua sociedade? Como essa percepção afeta a maneira como você lida com suas tarefas diárias e sua carreira?

9. Você está enfrentando alguma pressão, perseguição, ou tentação semelhante àquelas sofridas pelos cristãos tessalonicenses? Os amigos no trabalho ou na escola o ridicularizam ou o atacam por causa de sua fé? As palavras de encorajamento de Paulo o ajudam em sua luta para manter seu testemunho, sua integridade e sua confiança em Deus? Explique sua resposta.

Observação: Para uma pesquisa mais aprofundada das epístolas de 1 e 2 Tessalonicenses, leia *Waiting for the Second Coming: Studies in Thessalonians* (Aguardando a segunda vinda: Estudos em Tessalonicenses), Ray C. Stedman (Discovery House Publishers, 1990).

Passarela em mosaico, próximo ao mar. Cesareia

1 TIMÓTEO
Como edificar a Igreja

CAPÍTULO 11

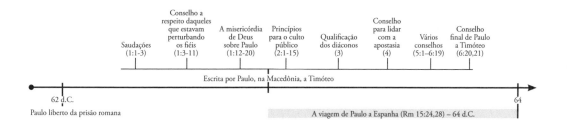

O que acontece quando os cristãos se reúnem na igreja? Charles Swindoll responde essa pergunta em seu livro *Come Before Winter and Share My Hope* (Venha antes do inverno e compartilhe da minha esperança):

> Até domingo. É quando o Corpo e o Cabeça se encontram para celebrar esta união misteriosa... quando pessoas muito comuns como nós se reúnem em torno daquele que é o mais importante. Para culto. Para encorajamento. Para instrução. Para expressão. Para apoio. Para a realização de um papel dado por Deus, que nunca será igualado ou superado na Terra — mesmo que seja a coisa que o mundo ao nosso redor considera estranho e fraco (Charles R. Swindoll II, *Come Before Winter and Share My Hope* [Wheaton, IL: Tyndale, 1985], 403-4).

Sim! Embora o mundo realmente considere a Igreja "estranha e fraca", sabemos que a Igreja é o instrumento mais poderoso na história da humanidade. O próprio Jesus disse: "...sobre esta pedra edificarei a minha Igreja, e as portas do inferno não prevalecerão contra ela" (Mt 16:18).

Na primeira carta de Paulo a Timóteo, recebemos um conjunto de instruções detalhadas, um projeto de construção nos mostrando como construir a Igreja. O próprio Jesus é o arquiteto, o mestre de obras, mas nós somos os carpinteiros, pedreiros, pintores e colocadores de piso. Assim, se queremos construir a Sua Igreja de uma forma que o agrade, é melhor lermos o projeto que Ele nos deu — este encontra-se em 1 Timóteo.

> **OBJETIVOS DO CAPÍTULO**
>
> Este capítulo examina o projeto de construção de Deus para construirmos uma igreja funcional e saudável — regras para o culto, papéis dos líderes e obreiros, como se proteger contra falsos ensinamentos, como disciplinar o comportamento pecaminoso, como cuidar de pessoas necessitadas e como evitar o favoritismo e tratamento injusto de membros da igreja. Em 2 mil anos, o padrão para uma igreja saudável não mudou.

As cartas de Paulo a Timóteo

Paulo escreveu duas cartas a Timóteo, um jovem que ele tinha ganhado para Cristo quando pregou em Listra. A segunda foi, sem dúvida, a última carta que temos escrita por sua pena. A primeira foi escrita alguns anos antes, provavelmente imediatamente depois que o apóstolo Paulo foi preso em Roma pela primeira vez.

Timóteo provavelmente não tinha mais do que 16 anos no momento em que encontrou Cristo, e tinha 20 e poucos anos ou 30 quando 1 Timóteo foi escrita. Timóteo acompanhou Paulo em sua segunda viagem missionária e foi um ministro fiel e filho na fé para o resto da vida de Paulo.

A primeira carta a Timóteo é uma das três cartas pastorais no Novo Testamento — cartas escritas do ponto de vista de um pastor; as outras duas são 2 Timóteo e Tito. Nessas cartas, Paulo expressa seus pensamentos íntimos aos jovens que ele mentoreou durante o ministério, ambos que frequentemente o acompanharam em suas viagens.

Apesar de seu relacionamento de professor-mentor e de pai-filho com Timóteo, Paulo começa ambas as cartas com declarações semelhantes e um tanto formais:

Paulo, apóstolo de Cristo Jesus, pelo mandato de Deus, nosso Salvador, e de Cristo Jesus, nossa esperança (1:1).

Paulo, apóstolo de Cristo Jesus, pela vontade de Deus, de conformidade com a promessa da vida que está em Cristo Jesus (2Tm 1:1).

Timóteo certamente não precisava do lembrete de que Paulo era um apóstolo de Cristo Jesus; ele conhecia bem a posição de Paulo. Mas Paulo esperava que essas cartas fossem lidas por mais leitores do que apenas por Timóteo. Suas cartas anteriores tinham

A CARTA DE 1 TIMÓTEO

Doutrinas verdadeiras e falsas (1 Timóteo 1)
    O perigo da falsa doutrina; ensinar a verdade 1:1-17
    Combater o bom combate, manter a fé 1:18-20

Culto na Igreja (1 Timóteo 2)
    Regras para o culto público; o papel das mulheres 2

Liderança eclesiástica (1 Timóteo 3)
    Qualificações dos líderes da Igreja (bispos e diáconos) 3:1-13
    Conduta na casa de Deus 3:14-16

Advertências contra falsos mestres (1 Timóteo 4)
    Comparação entre os falsos e os verdadeiros mestres 4:1-10
    Não negligencie o dom de Deus 4:11-16

A disciplina eclesiástica (1 Timóteo 5)
    Tratamento para todas as pessoas 5:1,2
    Tratamento para as viúvas 5:3-16
    Tratamento para os anciãos 5:17-20
    Evitar preconceito na disciplina eclesiástica 5:21-25

As motivações de um líder eclesiástico (1 Timóteo 6)
    Exortações aos servos 6:1,2
    Piedade com contentamento é lucro 6:3-16
    Exortação aos ricos 6:17-19
    Guardar o que lhes foi confiado 6:20,21

frequentemente circulado entre as igrejas, e ele sabia que essas cartas também circulariam. Portanto, é com a autoridade de um apóstolo que Paulo começa essas duas cartas.

O esboço de 1 Timóteo

A primeira carta de Paulo a Timóteo diz respeito ao próprio ministério da Igreja: seu caráter, sua natureza e sua função no mundo. Sua segunda carta refere-se à mensagem que a Igreja deve transmitir ao mundo — o evangelho de Jesus Cristo — e o relacionamento de Timóteo com essa mensagem.

A verdadeira Igreja cristã e o verdadeiro amor cristão

Dois temas se entrelaçam em 1 Timóteo: a verdadeira natureza da Igreja cristã e a verdadeira natureza do amor cristão. A expressão poderosa desse primeiro tema, a verdadeira natureza da Igreja, é encontrada no capítulo 3:

> *Escrevo-te estas coisas, esperando ir ver-te em breve; para que, se eu tardar, fiques ciente de como se deve proceder na casa de Deus, que é a igreja do Deus vivo, coluna e baluarte da verdade* (3:14,15).

Quando Paulo escreve sobre "a Igreja do Deus vivo", obviamente ele não está falando de um *edifício*; ele está falando de *pessoas*. Na verdade, está falando de uma família, a família de Deus. Uma das grandes fraquezas do cristianismo atual é que temos a tendência de pensar na Igreja como um edifício ou uma organização. Paulo queria que Timóteo soubesse como conduzir-se no ministério e nos relacionamentos do Corpo de Cristo, a Igreja do Deus vivo.

Encontramos uma expressão poderosa do segundo tema desta carta, a verdadeira natureza do amor cristão, no capítulo 1:

> *Ora, o intuito da presente admoestação visa ao amor que procede de coração puro, e de consciência boa, e de fé sem hipocrisia* (1:5).

Esse é um tema mais pessoal, a respeito do relacionamento do indivíduo com o mundo, com outros cristãos e com Deus. De acordo com o que o apóstolo coloca, esse segundo tema afirma que os relacionamentos do cristão devem consistir em amor — amor cristão puro e sincero.

O amor cristão autêntico sempre começa com uma fé sincera, pois é assim que entramos para a vida cristã: crendo na Palavra de Deus e exercitando a fé no que ela diz. Então, somos

---

O QUE É UM APÓSTOLO?

Os apóstolos eram homens com um ministério singular que tinham sido comissionados pelo próprio Senhor. Eles receberam a tarefa de falar com autoridade sobre doutrina e prática na igreja. No primeiro século, algumas pessoas falaram depreciativamente de Paulo, assim como pessoas às vezes fazem hoje: "Bem, como você sabe, Paulo escreveu algumas coisas que não podemos tomar como tendo autoridade. Ele era um solteirão inveterado, e o que ele disse sobre as mulheres não é realmente significativo". Mas, para dizer tal coisa é necessário negar o ofício apostólico e recusar a autoridade que o Senhor Jesus deu aos Seus apóstolos, incluindo o apóstolo Paulo.

levados a uma boa consciência e a um coração puro que ama em obediência à Sua Palavra. Todos nós viemos a Deus, carentes de sermos purificados por meio da lavagem da Palavra de Deus e pela purificação do sangue de Cristo. Mas se tivermos uma boa consciência sobre a nossa fé, ela irá resultar em um coração puro; e a partir desse coração puro um rio incessante de amor fluirá.

O perigo do falso ensino

Quando Paulo escreveu essa carta, Timóteo era o pastor da Igreja em Éfeso. A cidade de Éfeso era muito devotada ao culto à deusa pagã Diana (também chamada Artemis), a deusa romana da caça. A tarefa de Timóteo era ministrar a um corpo de cristãos que viviam naquele ambiente moral e espiritualmente corrupto. A Igreja se opunha firmemente à idolatria e superstição da cultura espiritualmente obscura que os cercava, tanto quanto somos chamados a nos opor à escuridão espiritual e idolatria que nos rodeiam hoje.

Assim, o primeiro conselho que o apóstolo oferece a Timóteo é uma exortação para se opor ao falso ensino. A Igreja Primitiva tinha a sua quota de hereges e falsos mestres, como a Igreja de hoje também os tem. A Igreja de Éfeso tinha, aparentemente, sido invadida por falsos mestres, então Paulo adverte Timóteo:

Quando eu estava de viagem, rumo da Macedônia, te roguei permanecesses ainda em Éfeso para admoestares a certas pessoas, a fim de que não ensinem outra doutrina, nem se ocupem com fábulas e genealogias sem fim, que, antes, promovem discussões do que o serviço de Deus, na fé (1:3,4).

Um dos problemas na igreja era um entendimento errado da Lei. Parece que alguns líderes da igreja estavam tentando controlar a conduta dos cristãos de Éfeso através de regras — isto é, através do legalismo. Esses legalistas que invadiram a Igreja não entendiam o poder da vida e da graça do Senhor Jesus Cristo que habitava neles.

Usar a Lei para controlar as pessoas, diz Paulo, é destrutivo e enganoso. A Lei destina-se a um propósito específico e válido, no entanto, esses legalistas estavam fazendo mau uso da Lei:

…pretendendo passar por mestres da lei, não compreendendo, todavia, nem o que dizem, nem os assuntos sobre os quais fazem ousadas asseverações. Sabemos, porém, que a lei é boa, se alguém dela se utiliza de modo legítimo, tendo em vista que não se promulga lei para quem é justo, mas para transgressores e rebeldes, irreverentes e pecadores, ímpios e profanos, parricidas e matricidas, homicidas, impuros, sodomitas, raptores de homens, mentirosos, perjuros e para tudo quanto se opõe à sã doutrina, segundo o evangelho da glória do Deus bendito, do qual fui encarregado (1:7-11).

A Lei, diz Paulo, é feita para os injustos, não para os justos. Se você veio a Cristo, e seu coração tem a intenção de agradá-lo, por que você precisa da Lei? Você certamente não precisa dela para impedi-lo de fazer coisas erradas. O amor vai cuidar disso!

Mas lembre-se de que o amor é interpretado pela Lei. Entendemos o que o amor é apenas quando o vemos escrito para nós em termos da Lei: Não minta, roube, mate,

Portão de Augusto, Éfeso

cometa adultério, e assim por diante. Essas leis descrevem como o verdadeiro amor se comporta.

Instruções para o culto público

No capítulo 2, Paulo se volta às instruções para o culto público. Ele começa fazendo diferenciação entre os papéis dos homens e das mulheres no culto público. Os homens, diz ele, devem liderar na oração, orando pelos reis e por aqueles que exercem autoridade, para que os cidadãos possam viver em paz e piedade. Em seguida, ele se volta para o papel das mulheres na Igreja; uma passagem que é por vezes utilizada (geralmente por homens) para sugerir que as mulheres têm uma posição inferior na Igreja.

Devemos entender a diferença significativa entre o *papel* de alguém e a *importância* de alguém. Na Igreja, todos nós temos papéis diferentes, mas somos todos igualmente importantes. Como Paulo nos diz em 1 Coríntios 12, o olho não pode dizer à mão, nem a cabeça aos pés: "Eu sou o único importante aqui. O corpo não precisa de você tanto quanto precisa de mim". Todos são necessários, todos são igualmente importantes, mas cada um tem um papel diferente a desempenhar. Paulo diferencia os papéis de homens e mulheres na Igreja nestes versículos:

Quero, portanto, que os varões orem em todo lugar, levantando mãos santas, sem ira e sem animosidade. Da mesma sorte, que as mulheres, em traje decente, se ataviem com modéstia e bom senso, não com cabeleira frisada e com ouro, ou pérolas, ou vestuário dispendioso, porém com boas obras (como é próprio às mulheres que professam ser piedosas). A mulher aprenda em silêncio, com toda a submissão. E não permito que a mulher ensine, nem exerça autoridade de homem; esteja, porém, em silêncio. Porque, primeiro, foi formado Adão, depois, Eva. E Adão não foi iludido, mas a mulher, sendo enganada, caiu em transgressão. Todavia, será preservada através de sua missão de mãe, se ela permanecer em fé, e amor, e santificação, com bom senso (2:8-15).

Paulo não está dizendo que as mulheres não têm o direito de ministrar e orar em público, como os homens, embora alguns tenham interpretado mal a passagem dessa maneira. Em vez disso, ele está dizendo que as mulheres não devem ensinar os homens com autoridade. Elas não devem ter a palavra final na Igreja quanto à doutrina ou ensino, e Paulo dá duas razões. Primeira, diz ele, Adão foi formado antes, depois veio Eva. Segunda, a mulher foi enganada e, portanto, caiu em transgressão. É interessante notar que o pecado de Eva foi principalmente o de tentar chegar a uma conclusão teológica que ia além do conselho de seu marido.

Em um versículo que tem sido um pouco truncado na tradução e muito mal compreendido, o apóstolo prossegue mostrando que as mulheres têm um ministério maravilhoso. Às mulheres, diz Paulo no versículo 15, serão salvas dando à luz filhos, se permanecerem na fé e no amor e santidade, com modéstia ou decoro.

Temos a tendência de presumir que o pronome "ela" na frase "se ela permanecer" refere-se às mulheres. Eu mesmo costumava fazer essa pressuposição. Mas cheguei à conclusão de que o pronome "ela" não se refere às mulheres, mas aos seus filhos. Paulo está dizendo que as mulheres serão "salvas" não em sentido espiritual, mas no sentido de ser realizada em seu papel como mães, se seus filhos continuarem na fé, demonstrando qualidades de caráter de amor, santidade e decoro. Em outras palavras, uma mulher não precisa sentir que suas habilidades ministeriais foram desperdiçadas se ela não pode ser uma mestra com autoridade na Igreja. Seu potencial ministerial será salvo, porque ela pode ter o maravilhoso ministério de criar seus filhos para andar com Deus.

À primeira vista, você pode pensar que esta é uma má interpretação da palavra "salvo". Mas vamos olhar esta palavra com cuidado. Poderia a palavra "salvo" ser interpretada no sentido de que Paulo está dando uma garantia firme de que uma mulher que vive na fé, amor, santidade e decoro jamais morrerá durante o parto — que ela será *fisicamente* salva, não importando que complicações médicas possam surgir? Certamente, não é isso o que Paulo está dizendo. Essa garantia seria irracional. Ao longo dos séculos, muitas mulheres cristãs piedosas, fiéis e modestas morreram ao dar à luz.

E está igualmente claro a partir do contexto que a palavra "salvo" não se refere à salvação espiritual, a "nascer de novo" pela graça através da fé em Jesus Cristo. Assim, a palavra "salvo" deve ter um significado diferente. Paulo alguma vez usa a palavra "salvo" com um sentido diferente de salvação espiritual? Sim. Na verdade, ele o faz nesta mesma carta, em sua exortação a Timóteo:

Tem cuidado de ti mesmo e da doutrina. Continua nestes deveres; porque, fazendo assim, salvarás tanto a ti mesmo como aos teus ouvintes (4:16).

O que Paulo quer dizer aqui com a palavra "salvar"? Timóteo já era salvo no sentido espiritual; ele era cristão há muitos anos. E, certamente, outras pessoas não podiam ser salvas pelo estilo de vida perseverante de Timóteo na obediência à verdade. Portanto, o que Paulo quer dizer? Ele está usando a palavra "salvar" no sentido de *cumprir seu chamado*. Ele está dizendo que o propósito na vida de Timóteo será salvo, não desperdiçado, se ele perseverar na obediência à verdade.

Paulo usa "salvo" em um sentido semelhante em sua carta aos Filipenses, na qual ele escreve: "desenvolvei a vossa salvação com temor e tremor" — isto é, desenvolvam as soluções para os problemas que enfrentam com temor e tremor, "porque Deus é quem efetua em vós tanto o querer como o realizar, segundo a sua boa vontade" (Fp 2:12,13.). Então, aqui em 1 Timóteo 2:15, acredito que Paulo quer dizer que uma mulher "será salva" no sentido de que o seu desejo por um ministério será cumprido dando luz a filhos, se ela criar seus filhos para continuarem na fé, amor e na santidade, com modéstia.

Liderança eclesiástica

Em seguida, Paulo se volta para as qualificações dos líderes da Igreja, que se dividem em duas grandes categorias: bispos (ou anciãos) e diáconos. Uma definição abrangente diz que os bispos, ou anciãos, são os que tomam as decisões na Igreja. Diáconos são homens e mulheres que realizam uma tarefa especial ou trabalham na Igreja, cuidando dos doentes e idosos, trabalhando em um ministério de evangelização, ou ensinando numa classe de Escola Dominical.

Paulo começa declarando três qualificações cruciais para os bispos, ou anciãos. Primeiramente, eles devem ser "irrepreensíveis", de modo a evitar serem reprovados. Segundo, eles devem ser puros; isto é, eles devem ser pessoas de integridade comprovada que entendem como diferenciar entre o bem e o mal, e que vivem de acordo com a Palavra de Deus. Paulo faz esta exigência de pureza, de modo a evitar o orgulho. O grande risco em colocar uma pessoa espiritualmente imatura na liderança é que ele ou ela possa se exaltar com orgulho e venha a cair na armadilha do diabo. Terceiro, essas pessoas devem ter boa reputação, evitar um escândalo público que levaria todo o ministério da Igreja à desgraça.

Os diáconos são tratados da mesma forma, mas Paulo adiciona uma grande instrução que lhes diz respeito: eles são os primeiros a ser testados, receber um trabalho para fazer em meio à provação. Se eles o realizarem bem, eles serão reconhecidos como pessoas que podem ser confiáveis e receber responsabilidade na obra da Igreja. A importância dessa atribuição é que tudo isso se relaciona ao fato de que a Igreja está ligada ao mistério de Jesus. Cristo é a maior figura no Universo — tudo se relaciona a Ele. Paulo cita um hino do primeiro século para mostrar o que ele quer dizer:

> *Evidentemente, grande é o mistério da piedade: Aquele que foi manifestado na carne foi justificado em espírito, contemplado por anjos, pregado entre os gentios, crido no mundo, recebido na glória* (3:16).

Paulo coloca a Igreja em uma perspectiva adequada. Devemos selecionar os líderes com grande cuidado, porque a Igreja representa Jesus Cristo no mundo.

A importância de se pregar a verdade

No capítulo 4, Paulo se volta ao tema sobre apostasia. Embora os termos "apóstata" e "herege" sejam muitas vezes utilizados como sinônimos, eles não são iguais. Um herege é um cristão equivocado, aquele que aceita e conhece o Senhor Jesus Cristo, mas que se afastou da sã doutrina bíblica em alguma área da fé. Um apóstata é uma pessoa que afirma ser cristão, mas nunca foi realmente um cristão, e cujo "evangelho" é uma falsa mensagem que leva as pessoas para longe da verdade. O apóstolo João descreve um grupo de apóstatas em sua primeira carta: "Eles saíram de nosso meio; entretanto, não eram dos nossos; porque, se tivessem sido dos nossos, teriam permanecido conosco; todavia, eles se foram para que ficasse manifesto que nenhum deles é dos nossos" (1Jo 2:19).

Em Mateus 13, o Senhor conta a história do semeador que saiu a semear a boa semente do reino. No meio da noite, um inimigo veio atrás dele, semeando ervas daninhas nos mesmos campos. Os grãos bons e as ervas daninhas cresceram juntos. Jesus disse que essas plantas boas e ruins permaneceriam misturadas até a colheita. Esse é o porquê nunca vamos nos livrar dos apóstatas na Igreja.

As atitudes apóstatas surgem quando as pessoas seguem doutrinas de demônios e espíritos enganadores. A apostasia não está enraizada nas ideias distorcidas do ser humano, mas nas ideias deliberadamente enganosas dos espíritos maus que semeiam "ervas daninhas" espirituais, a fim de poluir o reino de Deus e desviar as pessoas.

Paulo continua dizendo que é só quando o mal dos apóstatas se tornar evidente, é que

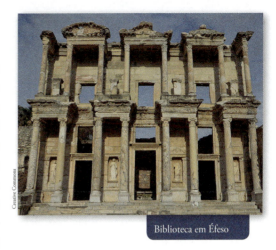

Biblioteca em Éfeso

Timóteo deve excomungá-los, não antes. Sua prioridade não é eliminar o mal e o engano, mas pregar a verdade. Sua prioridade seguinte é estabelecer um exemplo para as pessoas em sua vida pessoal:

Até à minha chegada, aplica-te à leitura, à exortação, ao ensino. Não te faças negligente para com o dom que há em ti, o qual te foi concedido mediante profecia, com a imposição das mãos do presbitério (4:13,14).

Muitos cristãos se esqueceram da mensagem de Jesus e Paulo com respeito à apostasia. Eles veem seus ministérios na Igreja como sendo o de um cristão que elimina as ervas daninhas, cortando todas aquelas que estão no jardim do Senhor. O problema com esse tipo de cortador é que, ao mesmo tempo, é fácil de cortar muitas plantas frutíferas, especialmente quando as ervas daninhas e as plantas boas estão crescendo juntas.

Tanto Jesus como Paulo nos dizem para não usar a abordagem do cortador de ervas daninhas. Em vez disso, nosso objetivo é manter as boas plantas no jardim mais fortes e resistentes a ervas daninhas quanto possível através da pregação, ensino e leitura da Palavra de Deus.

Disciplina na igreja e outras advertências

No capítulo 5, Paulo discute questões e problemas específicos de dentro da Igreja, incluindo como tratar as pessoas mais jovens e as mais idosas, e conselhos às mulheres em vários assuntos práticos. Paulo, em seguida, aborda o problema de como lidar com acusações contra os anciãos. Por fim, o apóstolo exorta Timóteo a permanecer puro e lhe dá alguns conselhos do tipo remédio caseiro para seus problemas digestivos crônicos.

O capítulo 6 começa dirigindo-se àqueles cristãos que vivem "debaixo de jugo". Ele os lembra de que devem considerar seus senhores dignos de respeito, para que o nome de Deus e os ensinos cristãos não sejam caluniados.

Tendo começado dirigindo-se aos pobres e escravizados, Paulo conclui através da atribuição de responsabilidades cristãs àqueles que prosperaram materialmente. Eles foram abençoados por Deus, para que eles pudessem ser uma bênção para os outros, não para que eles pudessem saciar seus próprios desejos. Os ricos têm uma responsabilidade de serem ricos em boas obras e generosidade, estabelecendo uma base para o futuro, para que possam se apropriar da vida verdadeiramente abundante agora mesmo — não abundante em bens materiais, mas abundante nas coisas de Deus (1Tm 6:18,19).

Na conclusão, Paulo confia a Timóteo uma mensagem de advertência que ele deveria compartilhar com aqueles que colocam sua confiança no conhecimento humano:

E tu, ó Timóteo, guarda o que te foi confiado, evitando os falatórios inúteis e profanos e as contradições do saber, como falsamente lhe chamam, pois alguns, professando-o, se desviaram da fé. A graça seja convosco (6:20,21).

A primeira carta de Paulo a Timóteo é uma carta para nossa própria época e nossas próprias igrejas. Ela fornece um padrão objetivo com o qual podemos ponderar sobre nossa maneira de adorar, avaliar os líderes da Igreja e mantermo-nos fiéis às crenças e sãs doutrinas. Em suma, essa carta oferece instruções claras de Deus sobre como edificar uma Igreja.

Verdadeiramente, 1 Timóteo é uma carta para o primeiro século, e também para o século 21. Que Deus nos conceda corações desejosos e obedientes para lê-la, compreender e vivê-la dia a dia.

Anfiteatro em Éfeso

PERGUNTAS PARA DISCUSSÃO

1 TIMÓTEO
Como edificar a Igreja

1. Leia 1Tm 1:1-11. Com que tipo de ensino falso Paulo está preocupado? O que ele diz é o oposto do (e antídoto para) ensino falso?

2. Leia 1Tm 1:12-17. Que efeito o evangelho de Jesus Cristo produziu na vida de Paulo? Por que, de acordo com o apóstolo, Deus mostrou misericórdia para com ele?

3. Você concorda ou discorda com o ensinamento de Paulo em relação às mulheres que ensinam na igreja (veja 2:8-15). Por quê? Você acha que as instruções de Paulo foram para aquele momento em particular na igreja, ou para todos os tempos? Explique sua resposta.

4. Leia 1Tm 3:1-7. Ao listar as qualificações para a liderança da igreja, Paulo se concentra no caráter pessoal de um líder, experiência na fé cristã, a reputação geral e habilidades de liderança. Por que Paulo colocou tanta ênfase nas questões de fé, caráter e integridade? A sua igreja seleciona líderes na mesma base que Paulo afirma aqui, ou sua igreja tende a escolher os líderes que são líderes empresariais de sucesso?

Leia 1Tm 3:8-13. Como as qualificações para os diáconos diferem das qualificações para um líder / bispo? Por que as qualificações são diferentes para esses respectivos papéis?

5. Leia 1Tm 3:15, onde Paulo afirma sua visão exaltada da igreja. É assim que você vê a igreja? Por quê? De que maneira esse versículo afeta a forma como você vê seus irmãos e irmãs em sua igreja local?

APLICAÇÃO PESSOAL

6. Você é um ministro, presbítero, membro do conselho, professor de Escola Dominical, ou de alguma forma envolvido no ministério em sua igreja, ou organização paraeclesiástica? Leia 1 Timóteo 4, e com base nos critérios estabelecidos no referido capítulo, avalie-se com a letra (A, B, C, D, F) como "um bom ministro de Cristo Jesus".

7. Considerando as qualificações para a liderança da igreja em 1Tm 3:1-7, como você se encontra? Quais são as suas áreas fortes? E as fracas? Além disso, compare-se às qualificações para diácono, 1Tm 3:8-13. Você sente que Deus o chama para se envolver mais num papel de liderança ou serviço em sua igreja?

8. Leia 1Tm 6:3-10. Você está insatisfeito com o nível atual de sua renda? Você se sente enganado pela vida, porque os outros prosperaram e você não? Concorda com Paulo quando ele diz grande fonte de lucro é a piedade com o contentamento? Que passos você pode dar esta semana para tornar-se mais satisfeito com a piedade e mais grato pelo que Deus tem lhe dado?

Observação: Para um estudo mais aprofundado das epístolas de 1 e 2 Timóteo e Tito, leia *The Fight of Faith: Studies in the Pastoral Letters of Paul* (O combate da fé: Estudos sobre as cartas pastorais de Paulo), Ray C. Stedman, (Discovery House Publishers, 2009).

2 TIMÓTEO

CAPÍTULO 12

Cristãos firmes em um mundo decadente

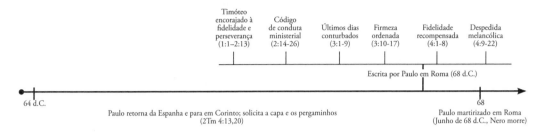

Em 68 d.C., um homem velho senta-se em uma cela redonda imunda, com paredes de pedra, em uma prisão romana. Este homem, que uma vez viajou o mundo contando a milhares de pessoas como conhecer o Criador do Universo, está agora confinado num espaço sombrio de mais ou menos 6 metros de diâmetro. Dessa cela de prisão, ele escreve uma carta a um jovem que está na distante Éfeso, do outro lado dos mares Egeu e Adriático. O assunto de sua carta: Como manter-se firme em meio a uma civilização decadente.

Na segunda carta de Paulo a Timóteo, seu filho na fé, ele escreve a um jovem incomodado por um frágil estado físico (um estômago debilitado, para ser exato), um espírito temeroso e uma visão tímida sobre a vida. Deve-se notar que Timóteo tem muito sobre o que ficar temeroso! A sociedade romana no primeiro século estava em rápido declínio. O mundo estava em crise política e caos social, e Timóteo estava rodeado por uma intensa perseguição.

Enquanto isso, Paulo está na prisão por causa de sua fé, diante de uma sentença de morte. Sabe que em breve estará com o Senhor, e quer passar a tocha para este jovem.

Ele o faz nessa carta, que, na verdade, é a última que temos escrita por Paulo. Essa é a sua mensagem de despedida, seu legado, sua última vontade e testamento.

O conteúdo e o esboço de 2 Timóteo

Ao desenvolver o tema de sua segunda carta a Timóteo — como manter-se firme em meio a uma civilização decadente — Paulo se concentra em quatro desafios que ele quer comunicar ao seu jovem filho na fé.

1. Guarde a verdade.
2. Seja forte no Senhor.
3. Evite as armadilhas e ciladas da vida.
4. Pregue a Palavra.

OBJETIVOS DO CAPÍTULO

Este capítulo examina a segunda carta de Paulo a Timóteo, que foi escrita em tempos de revolta política e social. É a última carta que temos do apóstolo Paulo, escrita de uma cela de prisão pouco antes de sua morte, em um momento que é profundamente pessoal e doloroso de se ler. As últimas palavras de Paulo a Timóteo são palavras que todos nós precisamos nestes tempos conturbados: fuja da tentação, evite discussões tolas, mantenha-se firme, enfrente as dificuldades e pregue a Palavra.

Estes desafios atemporais se aplicam igualmente a nossa vida hoje. Se eu fosse escrever a um jovem, estou certo de que nunca conseguiria encontrar palavras melhores do que as palavras de 2 Timóteo.

Guarde a verdade

Paulo começa recordando a Timóteo de que Deus lhe deu um depósito de verdade, e que é sua responsabilidade guardá-lo.

Guarda o bom depósito, mediante o Espírito Santo que habita em nós (1:14).

Paulo, então, sugere algumas maneiras de realizar esta incumbência. Timóteo vivia numa sociedade pagã e secularizada, e Paulo imprimiu sobre ele a responsabilidade de fortalecer as defesas da Igreja de Éfeso, que estava ameaçada pelas pressões, tentações e perseguições da perversa sociedade que o cercava.

Embora esta carta seja dirigida a Timóteo, um jovem pastor, o desafio de Paulo deve penetrar o coração de todos os cristãos. Como Timóteo, nós recebemos este mesmo depósito de verdade, esta mesma revelação das Escrituras a respeito da natureza da realidade. A partir de nosso estudo da Palavra de Deus, sabemos como é o mundo, como Deus é, como são as pessoas, e o que precisamos fazer a fim de sermos salvos de nossa condição pecadora.

Dos dias de Timóteo até agora, as pessoas se perguntam: O que faz o mundo funcionar da maneira que funciona? Por que o mundo parece estar sempre se desintegrando devido à guerra, distúrbios civis, injustiça e problemas econômicos? Por que o mal prospera? Por que a justiça e a verdade estão sempre sob ataque?

As respostas a estas perguntas são encontradas no depósito de verdade que nos foi dado por meio de Jesus Cristo, e devemos guardar essa verdade. Paulo sugere três formas específicas para fazer isso:

- Guarde a verdade, exercitando o dom espiritual que Deus lhe deu;
- Guarde a verdade, sofrendo pacientemente;
- Guarde a verdade, seguindo o padrão da sã doutrina (isto é, estude e ensine a Palavra de Deus).

Paulo aborda a primeira dessas formas de guardar a verdade no capítulo 1:

Por esta razão, pois, te admoesto que reavives o dom de Deus que há em ti pela imposição das minhas mãos. Porque Deus não nos tem dado espírito de covardia, mas de poder, de amor e de moderação (vv.6,7).

Ao longo dos anos, durante as várias crises mundiais, as pessoas na minha congregação vêm a mim e perguntam: O que vai acontecer ao mundo? O que esses ataques contra Israel significam? O que esta guerra no Oriente Médio significa? O que significam a queda do comunismo e do Muro de Berlim? O que está acontecendo na Rússia? O que vai acontecer com os Estados Unidos após esta eleição?

Embora eu tenha estudado profecias bíblicas, não tenho bola de cristal (nem quero uma!). Não acho que seja útil ou sábio tentar combinar esta ou aquela manchete com versículos específicos nas Escrituras. Definitivamente vemos que o padrão de eventos históricos e atuais combina com o padrão de profecia,

A CARTA DE 2 TIMÓTEO

Responsabilidade de um cristão em um mundo decadente (2 Timóteo 1–2)

    Paulo expressa gratidão pela fé de Timóteo 1:1-5

    Responsabilidade de Timóteo como pastor 1:6-18

    A descrição das tarefas de um pastor fiel 2

        A. Professor-discipulador 2:1,2

        B. Soldado de Deus 2:3,4

        C. Atleta que compete de acordo com as regras 2:5

        D. Agricultor paciente e trabalhador 2:6-13

        E. Obreiro diligente 2:14-19

        F. Instrumento para uso de Deus 2:20-23

        G. Servo-mestre gentil 2:24-26

A força do cristão em um mundo decadente (2 Timóteo 3–4)

    A chegada dos tempos de apostasia 3

    Pregue a Palavra 4:1-5

    Paulo se aproxima do fim de sua vida; palavras e despedida 4:6-22

mas não sei como este ou aquele evento específico se encaixa no plano eterno de Deus.

Como alguém sabiamente já disse, não sabemos o que o futuro nos reserva, mas sabemos quem guarda o futuro. Ainda mais importante, sabemos que Deus não nos deu um espírito de covardia e medo. Se estivermos ansiosos e preocupados com o que está acontecendo em nosso mundo, essa ansiedade não vem de Deus.

O Espírito de Deus é o Espírito de poder que nos prepara para a ação. Ele é o Espírito de amor que nos permite responder às pessoas de forma que produza cura e graça. Ele é o Espírito de uma mente sã, o que nos permite ser proposital em tudo o que fazemos. O modo para descobrir este Espírito é exercendo os dons espirituais que Deus nos deu.

Se você é cristão, o Espírito Santo que habita em nós lhe deu uma habilidade especial. Se você não estiver colocando esse dom espiritual em ação, você está desperdiçando sua vida. No julgamento de Deus — o único julgamento que conta — tudo o que você realizar fora da vontade e força do Senhor será contado como madeira, feno e palha — serve apenas para ser queimado.

Que obra Deus lhe deu para fazer? Quais dons espirituais Ele lhe deu? Você já descobriu os seus dons? Você sabe pelo que procurar?

> **COMO GUARDAR A VERDADE DIVINA?**
> - Guarde a verdade, exercendo o dom espiritual que Deus lhe deu.
> - Guarde a verdade, sofrendo pacientemente.
> - Guarde a verdade, seguindo o padrão da sã doutrina.

Você sabe como encontrá-los? Quando você descobrir seus dons e começar a usá-los para os propósitos de Deus, o avanço do Seu reino, você descobrirá que Deus não nos dá um espírito de medo, mas de poder, amor e uma mente sã. Essa é a primeira palavra de Paulo a Timóteo sobre como guardar a verdade.

Você pode perguntar: "Como isso funciona? Como o uso dos meus dons espirituais pode ajudar a guardar a verdade?". É simples: quando você exercita seus dons espirituais, você literalmente liberta a verdade para agir no mundo. A verdade não é algo frágil que se quebra; a verdade de Deus é poderosa, vigorosa, ativa e transformadora. A maneira mais eficaz de se guardar a verdade de Deus é liberá-la no mundo!

Charles Spurgeon estava muito certo quando disse: "A verdade é como um leão. Quem já ouviu falar em defender um leão? Solte-o e ele se defenderá". Isso é o que nós precisamos fazer com esta verdade. Não precisamos pedir desculpas por causa da verdade de Deus ou combater os ataques à verdade do Senhor. Precisamos apenas liberá-la no mundo, agir de acordo com ela, vivê-la, usar nossos dons espirituais e deixar Sua verdade cuidar de si mesma!

A segunda maneira que Paulo diz que devemos guardar a verdade é sofrer pacientemente. Ele lembra a Timóteo que todos os cristãos, sem exceção, são chamados a sofrer pela causa do evangelho.

Não te envergonhes, portanto, do testemunho de nosso Senhor, nem do seu encarcerado, que sou eu; pelo contrário, participa comigo dos sofrimentos, a favor do evangelho, segundo o poder de Deus (1:8).

> ## TODO CRISTÃO É EQUIPADO PARA O MINISTÉRIO
>
> É significativo que em todos os lugares onde os dons do Espírito são descritos nas Escrituras, a ênfase é posta sobre o fato de que cada cristão tem, pelo menos, um deles. Esse dom pode estar adormecido dentro de você, em estágio embrionário e não sendo utilizado. Você pode não saber o que é, mas está aí. O Espírito Santo não faz exceções com relação a essa capacitação básica de cada cristão. O não-cristão pode dizer: "Não posso servir a Deus; não tenho qualquer capacidade ou habilidade para servi-lo". Nós recebemos, como autênticos seguidores de Cristo, uma "graça" do Espírito.
>
> É extremamente essencial que você descubra o dom, ou dons, que você possui. O valor de sua vida como cristão será determinado pelo grau em que você usar o dom que Deus lhe deu.
>
> **Ray C. Stedman**
> *Body Life* ([Vida do Corpo] Discovery House Publishers, 1995)

Mais tarde, na mesma carta, Paulo faz uma declaração relacionada:

Ora, todos quantos querem viver piedosamente em Cristo Jesus serão perseguidos (3:12).

Muitos cristãos ao redor do mundo sofrem perseguição e perigo como uma condição normal de crer em Jesus. Mais cristãos foram torturados e mortos por amor a Cristo no século 20 do que em qualquer outro momento da história, e o século 21 aparentemente vai ser ainda pior, devido à crescente hostilidade em relação aos que seguem a Cristo.

O sofrimento que enfrentamos, no entanto, nem sempre é físico; ele também pode ser mental, emocional e espiritual. Este é o sofrimento pelo qual passamos quando nossa fé é ridicularizada, quando somos excluídos por causa de nossa posição moral e espiritual, quando somos tratados com desprezo ou desdém, quando nossos valores e crenças são ridicularizados. Estas são formas de sofrer pelo evangelho, e devemos aceitar esse sofrimento com paciência, diz Paulo. Quando assim o fazemos, liberamos a verdade de Deus no mundo, e sem sequer nos defender, guardamos a verdade de Deus.

Uma das razões pelas quais o evangelho não é amplamente aceito em muitos lugares hoje é porque os cristãos têm sido impacientes com o sofrimento. Em vez de pacientemente suportar o maltrato do mundo, ficam ofendidos e indignados com a perseguição, ou desistem e se juntam à multidão para escapar do sofrimento por amar o Senhor. Não podemos desafiar o pecado e a corrupção do mundo sem provocar a ira do mundo.

Obviamente, não devemos extrapolar e ofender as pessoas, mas a verdade de Deus por si só trará ofensa e revolta. As Escrituras deixam claro que Deus é capaz de utilizar o nosso sofrimento paciente por causa de Sua verdade como uma ferramenta para expandir Sua influência no mundo. Nosso sofrimento paciente é uma poderosa forma de guardar a verdade de Deus.

A terceira maneira pela qual Paulo diz que guardamos a verdade está contida em sua admoestação a Timóteo: "Mantém o padrão das sãs palavras que de mim ouviste" (1:13). Em outras palavras: Ouça a Palavra de Deus, confie nela e pratique-a diariamente.

Amo essa frase, *o padrão das sãs palavras*. Tantos cristãos e igrejas estão se afastando do padrão da sã doutrina. Eles acreditam que algum escritor secular, na cegueira e escuridão de seu próprio coração, tem mais percepção sobre os problemas da vida do que as Escrituras. Se vivermos como Paulo diz a Timóteo que ele deveria viver — guardando a verdade que Deus confiou a nós através do exercício de nossos dons, sofrendo pacientemente e confiando nas Escrituras — então Deus nos manterá seguros na fé, mesmo em meio a esse mundo corrompido e decadente.

Seja forte no Senhor

A segunda exortação de Paulo é: "Seja forte no Senhor". Paulo sabia que Timóteo tinha capacidade de resistência — você e eu também temos. Esta não é uma força que fabricamos em nosso interior, mas é a força que vem da confiança no poder infinito de Jesus Cristo. Há um ditado: "Quando eu tento, eu falho. Quando eu confio, *Ele* consegue". Lembre-se de que a força de Deus se aperfeiçoa na fraqueza (veja 2Co 12:9,10). Essa é a verdade central sobre como a vida cristã deve ser vivida.

Paulo usa uma série de figuras de linguagem para descrever o que significa ser forte no Senhor. Primeiro, devemos ser fortes como um soldado e totalmente dedicado à tarefa. Segundo, devemos ser fortes como um atleta, disciplinado e que respeita as regras da vida cristã, para que possamos competir ao máximo. Terceiro, devemos ser fortes como um agricultor é forte; diligentes em nosso trabalho, sem diminuir o ritmo ou se descuidando, porque sabemos que se trabalharmos arduamente plantando e cultivando, então teremos uma grande colheita. Dedicação, disciplina e diligência — esse é o segredo da força conforme essa descrição visual que Paulo forneceu aos cristãos.

Paulo encerra este segundo desafio com um lembrete sobre a força do Senhor. Não devemos apenas ser fortes, mas, ser fortes *no Senhor*. Ele escreve:

Lembra-te de Jesus Cristo, ressuscitado de entre os mortos, descendente de Davi, segundo o meu evangelho (2:8).

Paulo quer que Timóteo se lembre de duas coisas sobre o Senhor Jesus: (1) Ele é o Cristo ressurreto, o Messias, e Ele é ilimitado no tempo e no espaço; (2) Ele é o Cristo humano, o Filho de Davi, aquele que esteve onde estamos e sentiu o que sentimos — nossas pressões, nossos medos, nossas tentações e nossa dor. Ele é o Filho de Deus e o Filho de Homem, e Ele é a fonte de nossa força em um mundo decadente.

Evite as armadilhas e as ciladas da vida

O próximo desafio de Paulo se encontra em 2:14–3:17. Aqui, ele nos diz para evitar três armadilhas que ficam à espreita durante a vida cristã:

Armadilha 1: Contendas de palavras. Você já notou como os cristãos muitas vezes entram em discussões sobre pequenas palavras nas Escrituras? Ou acerca de um modo de batismo em particular? Ou sobre o momento exato do Milênio? Já vi isso acontecer muitas vezes — cristãos dividindo-se em acampamentos, escolhendo armas e combatendo uns contra os outros.

Paulo diz que devemos evitar esse tipo de conflito por causa de palavras. São controvérsias inúteis, dividindo os cristãos, e elas se espalham como gangrena. Não estou dizendo que tais doutrinas como a do batismo e a do Milênio não sejam importantes. É claro que são áreas de importância bíblica e de pesquisa acadêmica, e os cristãos podem participar de uma forte discussão sobre tais questões. Porém, eles jamais devem se separar ou atacar uns aos outros por causa de tais questões.

Armadilha 2: Paixões e tentações perigosas. Aqui há uma palavra de conselho a um jovem que deve ter sentido os apelos do desejo sexual normal, enquanto vivia em uma sociedade saturada por sexo, muito parecida com a nossa.

> *Ora, numa grande casa não há somente utensílios de ouro e de prata; há também de madeira e de barro. Alguns, para honra; outros, porém, para desonra. Assim, pois, se alguém a si mesmo se purificar destes erros, será utensílio para honra, santificado e útil ao seu possuidor, estando preparado para toda boa obra* (2:20,21).

Paulo usa uma linda figura de linguagem aqui, quando descreve todo o mundo como uma grande casa. Na casa existem utensílios ou vasos, representando pessoas. Deus usa esses diferentes utensílios tanto para fins nobres ou fins indignos. Em outras palavras, algumas pessoas são como belos vasos e taças de cristal. Outras são como batentes de porta de tijolos e escarradeiras de latão. De uma forma ou de outra, Deus nos usará para Seus propósitos. Depende completamente de nós que tipo de vaso escolheremos ser. Deus usa cristãos comprometidos para dizer ao mundo sobre Seu amor, para atrair outros à fé nele, para cuidar ativamente dos feridos e necessitados.

Mas Deus também usa pessoas ímpias. Em seu livro *Love, Acceptance and Forgiveness* (Amor, Aceitação e Perdão), Jerry Cook conta uma história que ilustra essa verdade.

Alguns anos atrás, um jovem casal estava vivendo junto, os dois solteiros, em um apartamento no centro da cidade de Portland. O jovem era traficante de drogas, e ele e sua namorada desfrutavam de um estilo de vida hedonista centrada no uso de drogas. O jovem chegou a um ponto em que percebeu que estava descontente com sua vida. Então disse a sua namorada: "Eu gostaria de ser livre desse vício de drogas".

"Eu sei como você pode fazer isso. Se você confiar em Jesus como seu Salvador, Ele o libertará", sua namorada respondeu. "O que significa isso?", ele perguntou.

"Eu não vou lhe dizer", disse ela. "Se eu lhe disser, você se tornará cristão, irá embora e eu não o verei mais." Embora ela estivesse vivendo um estilo de vida rebelde, esta jovem tinha sido criada em um lar cristão e ela conhecia a verdade do evangelho — mas ela se recusava a compartilhar essa boa-nova com seu namorado.

O jovem continuou insistindo. Por fim, frustrada, ela disse: "Tudo bem, eu vou

Aventurando-se através da Bíblia

dizer". Ela recitou João 3:16, o versículo da salvação que ela tinha memorizado quando criança, e explicou ao seu namorado como ele poderia ser salvo. O jovem entrou no quarto ao lado, orou para receber a Cristo — então se afastou de seu estilo de vida de drogas, sexo e pecado.

A jovem permaneceu em seu estilo de vida pecaminoso — e Jerry Cook conclui, até onde ele sabe, "ela ainda não é cristã. Essa menina não foi salva, não queria ser salva, e não queria que ele fosse salvo. Ainda assim, ela conseguiu mostrar o caminho da salvação" (tradução livre). (Jerry Cook com Stanley C. Baldwin, *Love, Acceptance and Forgiveness: Being Christian in a Non-Christian World* [Ventura, Ca.: Regal Books, 1979, 2009], 74).

A jovem era um vaso indigno e indisposto, usado por Deus para transformar a vida de seu namorado. Ela não queria que Deus a usasse. Ela não queria nada com o Senhor. Mas Deus a usou, mesmo assim — e como resultado, seu namorado tornou-se um cristão convicto, um vaso nobre, entregue e disposto a ser usado pelo Senhor.

Nosso objetivo como cristãos é nos tornarmos o vaso mais nobre e mais belo para o serviço do Senhor. A fim de sermos usados para um propósito nobre, em vez de indigno, diz Paulo, devemos nos separar das coisas que destruiriam nossa vida.

Foge, outrossim, das paixões da mocidade. Segue a justiça, a fé, o amor e a paz com os que, de coração puro, invocam o Senhor (2:22).

Uma das grandes forças destrutivas de nosso tempo é a imoralidade sexual. Doenças fatais sexualmente transmissíveis, como a AIDS, são apenas os danos mais visíveis que esse comportamento causa. A promiscuidade sexual destrói famílias, fere as emoções e a psique de homens, mulheres e adolescentes, e rasga o tecido da nossa civilização. A maioria das pessoas em nossa sociedade parece cega para esse fato. Mas os cristãos foram instruídos e alertados: Fuja dos maus desejos, busque a pureza diante de Deus. Então, Ele poderá usá-lo para fins nobres, não indignos.

Armadilha 3: Atitude rebelde. Paulo descreve a armadilha de uma atitude rebelde em termos claros:

Sabe, porém, isto: nos últimos dias, sobrevirão tempos difíceis, pois os homens serão egoístas, avarentos, jactanciosos, arrogantes, blasfemadores, desobedientes aos pais, ingratos, irreverentes, desafeiçoados, implacáveis, caluniadores, sem domínio de si, cruéis, inimigos do bem, traidores, atrevidos, enfatuados, mais amigos dos prazeres que amigos de Deus, tendo forma de piedade, negando-lhe, entretanto, o poder. Foge também destes (3:1-5).

Entenda que a frase "últimos dias" refere-se ao fim do tempo da Igreja na Terra. Ele inclui

TRÊS ARMADILHAS E CILADAS DA VIDA
- Contendas de palavras
- Paixões e tentações perigosas
- Atitude rebelde

o período de tempo inteiro entre a primeira e a segunda vinda de Cristo. Desde o dia que o Senhor ressuscitou dentre os mortos, estamos nos últimos dias. Durante estes últimos dias em que vivemos agora, diz Paulo, haverá ciclos recorrentes de aflição.

Estamos passando por esses tempos agora quando as pessoas anseiam por paz, mas estão ansiosas com respeito ao futuro. Forças demoníacas estão agindo no mundo, causando divisões, guerras, conflitos raciais, tensões entre gerações e conflito sem precedentes entre os sexos. Hoje vemos essas características desenfreadas que Paulo descreve: egocentrismo, ganância, arrogância e orgulho, grosseria, desobediência e desrespeito. Essas são características de rebelião — uma atitude de iniquidade. Mesmo cristãos professos frequentemente assumem tais atitudes e comportamentos. Paulo diz: "Evite essas pessoas. Não se una à sua iniquidade".

Paulo, então, mostra a Timóteo duas formas de escapar de todas estas armadilhas: (1) paciência no sofrimento, e (2) persistência na verdade (3:10 ss.). Na verdade, Paulo diz: "Lembre-se da maneira como me comportei. Você viu como tenho suportado todas as provações que me sobrevieram. Lembre-se de que se você for paciente no sofrimento e continuar firmado na verdade da Palavra de Deus, você vai passar com segurança por todos os perigos e ciladas deste mundo decadente".

No capítulo 4, Paulo dá a Timóteo um desafio final:

> *Conjuro-te, perante Deus e Cristo Jesus, que há de julgar vivos e mortos, pela sua manifestação e pelo seu reino: prega a palavra, insta, quer seja oportuno, quer*

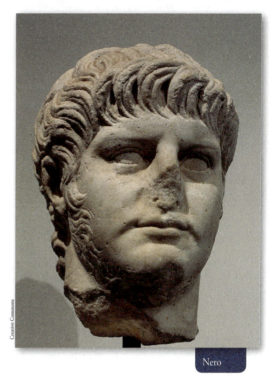
Nero

não, corrige, repreende, exorta com toda a longanimidade e doutrina (4:1,2).

Em outras palavras, não apenas creia na Palavra; compartilhe-a com os outros. Declare a grande verdade que Deus lhe deu. Note que há três dimensões para declarar a verdade de Deus: corrigir, repreender e encorajar todos os que ouvirão a verdade, a fim de neutralizar a influência corruptora desta era agonizante. Paulo ressalta a urgência de seu conselho a Timóteo, acrescentando: "Pois haverá tempo em que não suportarão a sã doutrina" (4:3).

Palavras de despedida de Paulo

Paulo encerra esta carta com uma nota pungente, porém, triunfante:

> *Quanto a mim, estou sendo já oferecido por libação, e o tempo da minha partida*

Aventurando-se através da Bíblia

é chegado. Combati o bom combate, completei a carreira, guardei a fé. Já agora a coroa da justiça me está guardada, a qual o Senhor, reto juiz, me dará naquele Dia; e não somente a mim, mas também a todos quantos amam a sua vinda (4:6-8).

Esta declaração vitoriosa é ainda mais surpreendente quando você se lembra do contexto no qual foi escrita. Paulo estava preso em uma pequena cela com paredes de pedra, apertada e fria, escrevendo na penumbra produzida por uma lamparina a óleo. Ele sabia que seu destino estava selado. Ele já tinha aparecido uma vez diante de Nero — aquele monstro em forma humana e devia comparecer perante este imperador romano novamente. Paulo já esperava ser levado para fora dos muros da cidade e, com o reluzir de uma espada, ser decapitado.

Porém, perceba onde estava fixo o olhar de Paulo — não no momento de sua morte, mas *além* da morte, na coroa da justiça que o aguardava. A morte é apenas um incidente para aquele que verdadeiramente crê. Além da morte, a vitória o aguarda.

No entanto, misturado a este grito apaixonado de triunfo, ouvimos um acorde de forte emoção humana — especialmente a emoção da solidão.

Somente Lucas está comigo. Toma contigo Marcos e traze-o, pois me é útil para o ministério. Quanto a Tíquico, mandei-o até Éfeso. Quando vieres, traze a capa que deixei em Trôade, em casa de Carpo, bem como os livros, especialmente os pergaminhos (4:11-13).

Embora Paulo pudesse olhar além de sua atual circunstância para a glória que o aguardava, ele era humano, e experimentava a emoção e o sofrimento humanos. Isto é normal. Isto é aceitável a Deus, porque Ele sabe do que somos feitos. Ele sabe que é difícil para um ser humano permanecer esperançoso durante momentos de solidão, isolamento e sofrimento. Podemos admitir esses sentimentos a Deus, sabendo que Ele nos aceita plenamente. Não há nada de pecaminoso na emoção humana normal em momentos de provação.

Ainda assim, a única preocupação de Paulo naquele momento era de que ele fosse capaz de proclamar a mensagem de Deus com ousadia.

Na minha primeira defesa, ninguém foi a meu favor; antes, todos me abandonaram. Que isto não lhes seja posto em conta! Mas o Senhor me assistiu e me revestiu de forças, para que, por meu intermédio, a pregação fosse plenamente cumprida, e todos os gentios a ouvissem; e fui libertado da boca do leão. O Senhor me livrará também de toda obra maligna e me levará salvo para o seu reino celestial. A ele, glória pelos séculos dos séculos. Amém! (4:16-18).

Apenas como um adendo, tenho frequentemente pensado sobre quando Paulo apareceu perante Nero. Naquela época, o nome de Nero era honrado e louvado em todo o mundo conhecido. Ele era o todo-poderoso imperador do grandioso Império Romano. Quem era Paulo de Tarso, senão um pregador itinerante, com uma fé estranha num judeu crucificado? No entanto, mais de 2 mil anos depois, a situação se inverte. Hoje, as pessoas

Muralhas de Corinto, Grécia

dão a seus filhos o nome Paulo, e a seus cães o nome Nero.

Paulo termina sua carta a Timóteo com algumas palavras pessoais aos seus amigos — alguns com nomes conhecidos como Priscila e Áquila, junto a alguns nomes menos conhecidos.

Eu adoraria ter recebido uma carta como essa de Paulo. Você não? No entanto, de fato, esta é uma carta que veio diretamente do coração de Paulo ao seu e ao meu coração. E é uma carta diretamente do coração de Deus. Ele quer que saibamos disso, não importa o quão assustador e perigoso este mundo se torne, Deus é fiel. Ele não nos deu um espírito de covardia, mas um espírito de poder, de amor e de uma mente sã.

Aventurando-se através da Bíblia

PERGUNTAS PARA DISCUSSÃO

2 TIMÓTEO
Cristãos firmes em um mundo decadente

1. Leia 2Tm 1:3-7. O que esses versículos lhe dizem sobre a importância de criar filhos em um lar cristão?

2. Leia 2Tm 1:13,14. O que significa "o bom depósito que lhe foi confiado"? Por que Timóteo deve guardá-lo? Como vamos guardar esse "bom depósito"?

3. Leia 2Tm 2. Aqui, Paulo enumera algumas das duras exigências da vida cristã. De onde vem a força para suportar as dificuldades como um bom soldado, ou para fugir dos maus desejos da juventude? Qual é o fim dos que perseveram e alcançam essas duras exigências?

4. Leia 2Tm 3:1-9. Aqui, Paulo descreve o mal que infectará o mundo nos últimos dias. Será que essas terríveis características descrevem um tempo que ainda está por vir ou os tempos em que vivemos hoje? Explique sua resposta.

5. Leia 2Tm 3:10-17. Paulo diz: "...todos quantos querem viver piedosamente em Cristo Jesus serão perseguidos". Você já descobriu se isso é verdade? Explique sua resposta. Os últimos quatro versículos dessa passagem falam do poder e propósito das Escrituras. Você concorda ou discorda da visão de Paulo sobre as Escrituras? Explique sua resposta. Como esses versículos afetam a maneira como você vê a Palavra de Deus?

APLICAÇÃO PESSOAL

6. Leia 2Tm 4:1-5. Como esses versículos o desafiam pessoalmente sobre o seu próprio serviço cristão?

7. Leia 2Tm 1:15-18 e 4:6-22. Como esses versículos afetam sua visão do apóstolo Paulo? Eles ajudam a torná-lo mais real, mais humano e mais vulnerável para você? Você sente maior afinidade com Paulo como um companheiro sofredor?

Você tem amigos cristãos com quem você pode se abrir, ser honesto e vulnerável como Paulo foi com Timóteo nestes versículos? Se não, por quê? Você já pensou em se unir a um pequeno grupo de estudo bíblico em sua Igreja para que possa construir amizades e comunidade de koinonia (comunhão) com outros cristãos? Quais passos você pode tomar esta semana para tornar-se mais envolvido com a "a vida do corpo" de sua Igreja?

Observação: Para um estudo mais aprofundado das epístolas de 1 e 2 Timóteo e Tito, leia *The Fight of Faith: Studies in the Pastoral Letters of Paul* (O combate da fé: Estudos sobre as cartas pastorais de Paulo), Ray C. Stedman, (Discovery House Publishers, 2009).

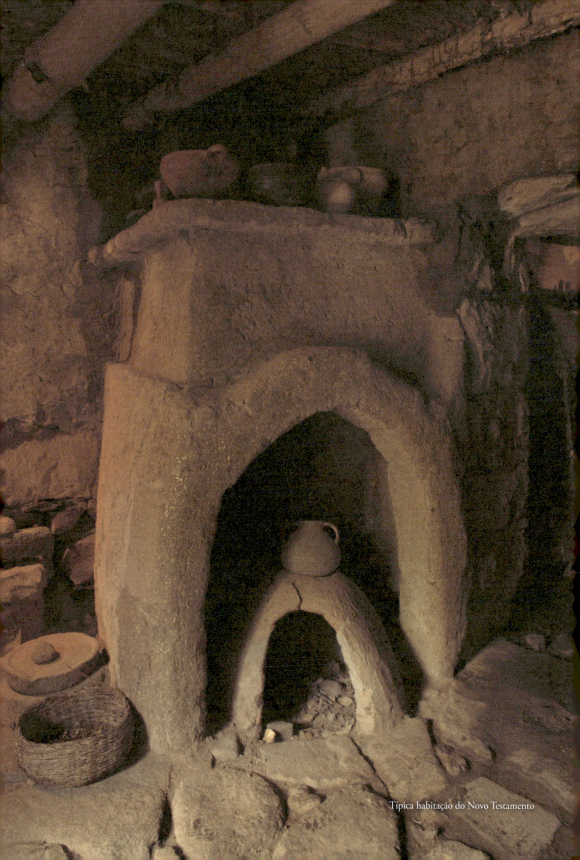
Típica habitação do Novo Testamento

TITO

CAPÍTULO 13

Esperança para o futuro, auxílio para o presente

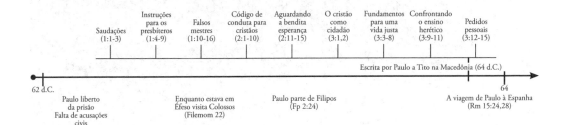

O best-seller de Alvin Toffler em 1970, *Future Shock* (Choque futuro), descreve o tipo de reação emocional assombrada que as pessoas experimentam enquanto o mundo muda muito rapidamente ao redor delas — a isso ele chamou de "muita mudança em um período de tempo tão curto". As pessoas experimentam "choque futuro", à medida que começam a sentir que, ao mudar tão rapidamente, o mundo as deixa para trás. O resultado de tal transformação vertiginosa, disse ele, seria "o estresse arrasador" e "a sobrecarga de informação".

Desde a publicação de "Future Shock", o mundo continuou a mudar — talvez em uma velocidade que o futuro tenha chocado até mesmo o Sr. Toffler. Como alguém poderia prever o mundo em que vivemos hoje — um mundo de computadores de bolso, internet móvel, smartphones, televisores de tela plana, guerras que se iniciam com o simples apertar de um botão, bombas inteligentes, e muito mais? Nosso mundo continua a mudar a uma velocidade cada vez maior e, como resultado, muitas pessoas desistiram do futuro e se acomodaram em um estado de desespero.

A carta de Paulo a Tito contém um poderoso antídoto para o choque futuro. Paulo chama esse antídoto de "nossa bendita esperança". Mesmo que o mundo esteja mudando, apesar de nossa cabeça estar girando enquanto tentamos nos manter atualizados com as transformações ao nosso redor, temos uma esperança que ancora nosso futuro e nos permite sentir seguros, diz Paulo:

> *...aguardando a bendita esperança e a manifestação da glória do nosso grande Deus e Salvador Cristo Jesus* (2:13).

Jesus aparecerá em glória para colocar todas as coisas no lugar certo. Essa é a nossa esperança. Essa é a cura para nosso choque futuro. Esse é um dos temas que Paulo tece em sua carta a Tito.

OBJETIVOS DO CAPÍTULO

Este capítulo nos guia através da curta, mas prática, carta de Paulo a Tito, um pastor na ilha de Creta. O tema principal de Tito é "nossa bendita esperança", e o objetivo de Paulo é encorajar este jovem enquanto ele ministra em tempos conturbados e de rápidas mudanças.

O pano de fundo e a estrutura de Tito

Tito foi um dos jovens que acompanhou o apóstolo Paulo em muitas de suas viagens missionárias. Era um grego que veio a Cristo na cidade de Antioquia. Quando esta carta foi escrita, ele estava na ilha de Creta, a grande ilha do Mediterrâneo, ao sul da Grécia.

Paulo e Tito provavelmente começaram a Igreja em Creta depois da primeira prisão de Paulo em Roma. Aparentemente, o apóstolo foi libertado da prisão, como registrado em Atos. Você deve se lembrar que Paulo tinha manifestado o desejo ir à Espanha, e muitos estudiosos acreditam que depois de sua viagem à Espanha, ele e Tito foram para a ilha de Creta e lá estabeleceram uma Igreja. De acordo com esta carta, Paulo deixou Tito em Creta "para que [este pusesse] em ordem as coisas restantes, bem como, em cada cidade, [constituísse] presbíteros", conforme Paulo lhe instruíra (1:5). Esta carta a Tito fornece uma visão interessante do que ocorreu na Igreja Primitiva quando Paulo viajava e enviava esses jovens em seu nome como representantes apostólicos.

A carta de Paulo a Tito é curta e prática, entretanto, é rica em instrução e encorajamento. Seus temas se entrelaçam ao longo do texto, por isso vamos explorá-la tema por tema. Assim, teremos que saltar do capítulo 3 para o capítulo 1 e voltar, mas creio que você considerará este método uma maneira útil para examinar as verdades desta epístola.

O caráter dos cretenses

Em uma das passagens mais incomuns no Novo Testamento, Paulo faz citações de um antigo escritor de seus dias, um poeta grego secular que caracterizava as pessoas de Creta, entre as quais o jovem Tito viveu e trabalhou:

Foi mesmo, dentre eles, um seu profeta, que disse: Cretenses, sempre mentirosos, feras terríveis, ventres preguiçosos (1:12).

Paulo deseja que Tito entenda o problema aterrador que ele enfrenta, então alerta o jovem sobre esse povo desonesto, brutal, preguiçoso e glutão. Paulo ressalta esse aviso, acrescentando: "Tal testemunho é exato" (1:13). À medida que avançamos na leitura da carta, Paulo amplifica e explora essas características do povo de Creta. Por exemplo, diz:

Todas as coisas são puras para os puros; todavia, para os impuros e descrentes, nada é puro. Porque tanto a mente como a consciência deles estão corrompidas. No tocante a Deus, professam conhecê-lo; entretanto, o negam por suas obras; é por isso que são abomináveis, desobedientes e reprovados para toda boa obra (1:15,16).

Esse foi o tipo de ambiente ímpio em que a Igreja de Creta existia. A mente e a consciência das pessoas estavam corrompidas. Eles professavam conhecer a Deus, contudo o negavam por meio dos atos e atitudes de uns para com outros. Paulo estende esse tema no capítulo 3:

Evita discussões insensatas, genealogias, contendas e debates sobre a lei; porque não têm utilidade e são fúteis. Evita o homem faccioso, depois de admoestá-lo primeira e segunda vez, pois sabes que tal pessoa está

A CARTA DE TITO

Liderança eclesiástica (Tito 1)
Observações introdutórias... 1:1-4
As qualificações dos anciãos (líderes da igreja) 1:5-9
Lidando com os falsos mestres na igreja 1:10-16

A vida cristã em tempos difíceis (Tito 2–3)
Ensine a sã doutrina..2
Dedique-se às boas obras.. 3:1-11
Conclusão.. 3:12-15

pervertida, e vive pecando, e por si mesma está condenada (3:9-11).

Essas palavras referem-se principalmente àqueles que professam ser cristãos, mas cuja vida reflete as atitudes do mundo mal que os rodeia. O propósito da Igreja é inundar o mundo com o amor de Jesus Cristo. Quando a Igreja está cheia de problemas, é normalmente porque o mundo invadiu suas portas. Sempre que a Igreja é fiel à sua mensagem autêntica, torna-se um corpo revolucionário. A revolução que traz é de amor e pureza que desafia o *status quo* ímpio e brutal.

Sã doutrina e boas obras

No capítulo 3, Paulo fala não só dos cretenses, mas de si mesmo e de toda a humanidade, de como somos antes de aceitarmos a Cristo. Aqui está uma descrição de como Deus vê esse mundo decaído:

> *Pois nós também, outrora, éramos néscios, desobedientes, desgarrados, escravos de toda sorte de paixões e prazeres, vivendo em malícia e inveja, odiosos e odiando-nos uns aos outros* (3:3).

Esse é o tipo de mundo ao qual Paulo enviou Tito com o poder do evangelho. O que o povo de Creta precisava? Várias vezes em toda esta carta lemos a frase "sã doutrina". Paulo sabia que, a fim de mudar a sociedade, as pessoas deviam ouvir a verdade. As pessoas andam nas trevas e agem como animais, dilacerando uns aos outros e odiando uns aos outros. As pessoas se comportam como animais por uma de duas razões: ou elas rejeitaram a verdade — ou nunca ouviram a verdade. Então, Paulo aconselha: Comece ensinando-lhes a verdade.

Outra necessidade básica é "boas obras". Essa frase aparece cinco vezes em Tito. O capítulo 1 termina com uma descrição daqueles que são "reprovados para toda boa obra" (v.16). O capítulo 2 diz: "Torna-te, pessoalmente, padrão de boas obras" (v.7), e o capítulo termina com a ideia de que Jesus entregou-se para "purificar, para si mesmo, um povo exclusivamente seu, zeloso de boas obras" (v.14). No capítulo 3, Paulo diz: "para que os que têm crido em Deus sejam solícitos na prática de boas obras" (v.8), e, em seguida, acrescenta que os cristãos devem aprender "também a distinguir-se nas boas obras" (v.14). A sã doutrina por si só não é o suficiente. O mundo está à procura de boas obras que validem nossa boa doutrina.

Continuamos tentando mudar a maneira como as pessoas são e a forma como se comportam. Tentamos mudar as pessoas com educação, com leis mais rígidas, ou com incentivos e recompensas — mas nada funciona. Pessoas são pessoas, e a natureza humana é hoje a mesma que sempre foi. Como alguém bem disse: "Se você trouxer um porco para a sala de estar, isso não vai mudar o porco, mas certamente mudará a sala de estar!". E esse é o problema.

Não é o suficiente tentar mudar o comportamento das pessoas. Sua própria natureza tem que ser transformada. A verdade da salvação significa isso, e essa é a verdade que Paulo diz ser desesperadamente necessária — por todas as pessoas em todos os tempos. No capítulo 3, Paulo diz:

Baía de Balos, Ilha de Creta, Grécia

Pois nós também, outrora, éramos néscios, desobedientes, desgarrados, escravos de toda sorte de paixões e prazeres, vivendo em malícia e inveja, odiosos e odiando-nos uns aos outros. Quando, porém, se manifestou a benignidade de Deus, nosso Salvador, e o seu amor para com todos, não por obras de justiça praticadas por nós, mas segundo sua misericórdia, ele nos salvou mediante o lavar regenerador e renovador do Espírito Santo (3:3-5).

As boas obras não são suficientes; nossa maior necessidade não é apenas nos tornarmos pessoas melhores. Precisamos ser virados do avesso e sacudidos. Precisamos ser transformados, necessitamos ser salvos. Isso é o que Paulo quer dizer com "o lavar regenerador e renovador". Deus não nos conserta do lado de fora como a uma velha câmara de ar. Ele nos renova completamente de dentro para fora. Ele nos derrete e nos molda novamente à Sua própria imagem, com o lavar da regeneração e da renovação do Espírito Santo.

A mensagem suprema da Igreja é proclamar esta grande boa-nova: "...a esperança da vida eterna" (3:7).

Esperança: A resposta ao choque futuro e ao desespero do presente

Quando a Bíblia fala de esperança, ela não usa a palavra da mesma forma que o fazemos hoje, significando um leve lampejo de uma possibilidade: "Espero ganhar na loteria" ou, "Espero que esse barulho no motor não seja o que penso que é!" Quando o Novo Testamento fala de esperança, ele fala de certeza. A esperança da vida eterna repousa sobre Aquele que veio para nos dar a vida eterna, e somos justificados por Sua graça. Essa é uma realidade inabalável.

Aqui está nossa esperança à prova de choque para o futuro. O mundo está mudando rapidamente. A moralidade está desmoronando, comportamento depravado é chamado de "normal", os valores morais e a fé cristã são abertamente ridicularizados. O bem é chamado de "mal", e o mal de "bem". A arrogância e o hedonismo são aplaudidos, enquanto a humildade e a virtude são ridicularizadas. Se não tivermos uma esperança inabalável em meio a tal mudança rápida, instável e nauseante, sucumbiremos ao desespero. Paulo descreve a esperança que Deus nos deu:

> *Porquanto a graça de Deus se manifestou salvadora a todos os homens, educando-nos para que, renegadas a impiedade e as paixões mundanas, vivamos, no presente século, sensata, justa e piedosamente, aguardando a bendita esperança e a manifestação da glória do nosso grande Deus e Salvador Cristo Jesus* (2:11-13).

Esta é a resposta ao choque futuro e ao desespero presente — nossa bendita esperança, a gloriosa manifestação do nosso grande Deus e Salvador, Jesus Cristo.

Nesta passagem, Paulo identifica claramente Jesus como *Deus*. Muitas pessoas hoje tentam escapar desta verdade das Escrituras, mas a vemos claramente indicada em todo o evangelho de João, em Filipenses 2 e em Tito 2:13. E onde quer que não esteja declarada com tal clareza inequívoca e óbvia como a vemos aqui, está sempre implícita em todo o Antigo e Novo Testamentos: Jesus, o Messias, é o eterno Deus em forma humana.

Qualificações para a liderança

Outra questão importante que Paulo aborda em sua carta é a liderança eclesiástica. Os cretenses precisavam entender como uma Igreja ordenadamente cristã deve funcionar, então, no capítulo de abertura, descreve as qualificações para os líderes da Igreja (A palavra *presbítero* refere-se à pessoa que ocupa um cargo de liderança enquanto a palavra *bispo* refere-se ao próprio cargo de liderança). Paulo escreve:

> *[O presbítero deve ser] alguém que seja irrepreensível, marido de uma só mulher, que tenha filhos crentes que não são acusados de dissolução, nem são insubordinados. Porque é indispensável que o bispo seja irrepreensível como despenseiro de Deus, não arrogante, não irascível, não dado ao vinho, nem violento, nem cobiçoso de torpe ganância; antes, hospitaleiro, amigo do bem, sóbrio, justo, piedoso, que tenha domínio de si* (1:6-8).

Onde você encontra essas pessoas? Paulo esperava que Tito os encontrasse em Creta. Ele esperava que Deus levantasse pessoas de caráter, fé e dons espirituais comprovados dentre aqueles que tinham sido caracterizados como "mentirosos, feras terríveis, ventres preguiçosos". O evangelho produz exatamente esse tipo radical de transformação. Devidamente entendida, a Igreja é uma comunidade de mudança.

Paulo também diz a Tito que ele precisava ensinar aos cristãos em Creta sobre responsabilidade cívica:

> *Lembra-lhes que se sujeitem aos que governam, às autoridades; sejam obedientes, estejam prontos para toda boa obra, não difamem a ninguém; nem sejam altercadores, mas cordatos, dando provas de toda cortesia, para com todos os homens* (3:1,2).

Paulo exorta a Igreja a reconhecer que as autoridades são, em certo sentido, ministros de Deus (quer eles se vejam desta forma ou se entreguem a Deus como tais, ou não). O Senhor ordenou o governo para manter a ordem na sociedade humana, de modo que devemos ser respeitosos e obedientes à Lei em todas as áreas, exceto nos casos em que o governo se opõe diretamente à Lei de Deus.

À medida que Paulo dá estas orientações, está silenciosamente injetando na comunidade cretense um poder que poderia potencialmente transformar o caráter nacional de Creta. Se seguíssemos a prescrição de Paulo nesta carta, também veríamos o nosso próprio caráter nacional ser transformado.

Palavras de admoestação e conselho

Paulo termina sua carta a Tito com algumas palavras pessoais de admoestação e conselho, dando-nos um intenso vislumbre de sua própria vida.

Quando te enviar Ártemas ou Tíquico, apressa-te a vir até Nicópolis ao meu encontro. Estou resolvido a passar o inverno ali (3:12).

Nicópolis ficava na costa oeste da Grécia, do outro lado do mar Adriático, no calcanhar da bota italiana. Paulo, provavelmente escrevendo de Corinto, na Grécia, estava enviando dois jovens para substituir Tito em Creta, de modo que este pudesse se unir ao apóstolo. Mais tarde, lemos que Tito continuou subindo para a Dalmácia, na costa norte, enviando Zenas, o advogado, e Apolo

Aventurando-se através da Bíblia   161

(talvez para Alexandria, que era a terra natal de Apolo), e Paulo admoesta Tito a ter certeza de que nada lhes falte.

Paulo encerra a carta com o versículo de abertura. Ele começou a carta com esta afirmação:

Paulo, servo de Deus e apóstolo de Jesus Cristo, para promover a fé que é dos eleitos de Deus e o pleno conhecimento da verdade segundo a piedade (1:1).

E encerra com estas palavras:

Agora, quanto aos nossos, que aprendam também a distinguir-se nas boas obras a favor dos necessitados, para não se tornarem infrutíferos. Todos os que se acham comigo te saúdam; saúda quantos nos amam na fé. A graça seja com todos vós (3:14,15).

A verdade conduz à piedade. A sã doutrina e as boas obras andam de mãos dadas. Devemos conhecer a verdade — e, em seguida, devemos praticá-la. A base da verdade do evangelho que transforma nossa vida é, como diz Paulo em Tt 1:2: "…esperança da vida eterna que o Deus que não pode mentir prometeu antes dos tempos eternos".

A promessa da qual Paulo fala é encontrada em Gênesis, em que Deus falou sobre um Redentor que viria e traria vida para a humanidade (Gn 3:15), antes que Adão e Eva fossem expulsos do Éden. Esse Redentor veio; Seu nome é Jesus. Essa esperança é agora não apenas a expectativa do céu, mas a força para viver nestes tempos conturbados.

Estamos vivendo a esperança da vida eterna agora mesmo, hoje, à medida que vivemos na dependência dele.

Palácio de Minos em Knossos, Creta

PERGUNTAS PARA DISCUSSÃO

TITO
Esperança para o futuro, auxílio para o presente

1. Leia Tt 1:1-3. De que fonte Paulo recebeu seu evangelho e seu ministério?

2. Leia Tt 1:5-9 e compare com 1Tm 3:1-7. Observe que, ao listar as qualificações para a liderança eclesiástica, Paulo concentra-se no caráter do líder: maturidade cristã, reputação e habilidades de liderança. Por que Paulo enfatiza essas características particulares? Existem quaisquer qualidades que devem ser incluídas que Paulo tenha omitido? Sua igreja faz um bom trabalho de seleção de líderes com essa base bíblica?

3. Leia Tt 2:1-7. Como você definiria "sã doutrina"? Qual a origem da sã doutrina? O que significa ser "sadios na fé, no amor e na constância"? O que é "linguagem sadia e irrepreensível"? De que forma características como integridade, seriedade e linguagem sadia ajudam a silenciar os oponentes?

4. Leia Tt 2:9,10. Aqui, Paulo diz a Tito para instruir escravos em seu comportamento com relação aos seus senhores. Estes princípios são aplicáveis na relação entre empregados e empregadores na cultura de hoje? Por quê? Qual é o princípio fundamental nestes versículos que é verdadeiramente atemporal?

5. Leia Tt 2:15. O que Paulo quer dizer quando afirma: "Ninguém te despreze"? Há um princípio mais amplo neste versículo sobre como devemos viver com relação às pessoas incrédulas?

APLICAÇÃO PESSOAL

6. Leia Tt 3:1,2. Como Paulo faz em outros lugares em suas cartas, ele escreve que os cristãos devem ser submissos às autoridades civis e viver com humildade e em paz com os outros. Dê uma nota a si mesmo (0 a 10), avaliando como você tem seguido essa instrução. Por exemplo, como seu histórico de registro de multas de trânsito reflete sua submissão às autoridades de trânsito que patrulham as ruas e rodovias? Como sua conversa reflete a instrução de Paulo de "não difamem a ninguém"? Se a espera na fila na loja for muito longa, ou se um funcionário dos correios for grosseiro, você seria "cordato"?

7. Leia Tt 3:9-11. Quando controvérsias, discussões e brigas surgem em sua igreja, como você se comporta? Você está no meio da confusão, incitando a raiva e divisões? Ou você age como pacificador? Que passos você pode tomar para se tornar um promotor de paz e amor em sua família ou na igreja?

Observação: Para um estudo mais aprofundado das epístolas de 1 e 2 Timóteo e Tito, leia *The Fight of Faith: Studies in the Pastoral Letters of Paul* (O combate da fé: Estudos sobre as cartas pastorais de Paulo), Ray C. Stedman, (Discovery House Publishers, 2009).

FILEMOM

CAPÍTULO 14

Um irmão restaurado

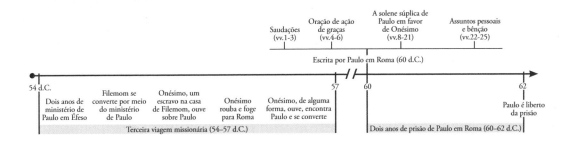

Clara Barton, fundadora da Cruz Vermelha Americana, certa vez foi dolorosamente traída por um colega de trabalho. Anos mais tarde, um amigo a lembrou do incidente. "Não me lembro disso", respondeu a senhorita Barton.

"Você não se lembra?", perguntou o amigo admirado. "Mas você ficou tão magoada na época! Com certeza você deve se lembrar!"

"Não", Clara insistiu gentilmente. "Lembro-me nitidamente de ter esquecido que isso jamais aconteceu".

Clara Barton
Wikipédia Commons

Esta é a verdadeira natureza do perdão — *uma decisão deliberada* de esquecer o mal sofrido. A graça perdoadora de Cristo é a força mais poderosa no Universo. É o poder para restaurar relacionamentos quebrados, para curar igrejas divididas, para unir famílias mais uma vez.

O perdão é o coração do evangelho — e é a chave da carta a Filemom.

Esta é a quarta das cartas pessoais de Paulo (depois das suas duas cartas para Timóteo e uma carta a Tito), e ela se difere de todas as outras cartas de Paulo porque não contém qualquer instrução destinada à Igreja como um todo, nem qualquer doutrina básica. Em vez disso, esta carta aplica, de maneira poderosa e prática, todos os princípios e valores contidos em outros escritos de Paulo: amor, aceitação, perdão, graça e fraternidade cristã.

OBJETIVOS DO CAPÍTULO

O objetivo deste capítulo é revelar o drama carregado de emoção por trás desta pequena e notável história de perdão na carta de Paulo a Filemom. Embora a história não nos diga se Filemom perdoou ou não seu servo Onésimo, podemos confiar que ninguém poderia ter resistido à mensagem de perdão de Paulo. Esta carta continua a suavizar corações e a curar relacionamentos quebrados até hoje. É por isso que sua mensagem permanece atemporal — e oportuna — hoje.

Aventurando-se através da Bíblia

A CARTA DE FILEMOM

O apelo de Paulo a Filemom (Filemom 1-25)
Paulo dá graças a Deus por seu amigo Filemom vv.1-7
Paulo pede a Filemom para perdoar Onésimo vv.8-16
A promessa de Paulo a Filemom.. vv.17-21
Observações pessoais, saudações de outros, bênção.............................. vv.22-25

Filemom e Onésimo

A epístola a Filemom foi escrita quando Paulo estava preso em Roma pela primeira vez. Filemom, que viveu na cidade grega de Colossos, era um amigo que Paulo tinha ganhado para Cristo, e ele aparentemente tinha um irmão jovem chamado Onésimo. Embora muitos acreditem que não havia laços de sangue entre Filemom e seu escravo, Onésimo, estou convencido, por causa do que Paulo diz no versículo 16, que eles eram irmãos "na carne". Cito aqui da versão João Ferreira de Almeida Atualizada:

> *Porque bem pode ser que ele se tenha separado de ti por algum tempo, para que o recobrasses para sempre, não já como escravo, antes mais do que escravo, como irmão amado, particularmente de mim, e quanto mais de ti, tanto na carne como também no Senhor* (vv.15,16).

O que mais um irmão "na carne" poderia ser a não ser irmão por nascimento, uma distinção que Paulo parece ressaltar quando ele acrescenta que Onésimo é também um irmão cristão, um irmão "no Senhor". Esta distinção, que é forte no original grego, é obscura na NVI, onde se lê: "Para mim ele é um irmão muito amado, e ainda mais para você, tanto como pessoa quanto como cristão". Embora a NVI seja, de forma geral, uma excelente tradução, acredito que a João Ferreira de Almeida Atualizada seja mais precisa neste ponto.

Dada a visão de que Onésimo era irmão de sangue de Filemom, encontramos algumas aplicações poderosas nesta carta que podemos utilizar com relação uns aos outros, não apenas como cristãos, mas dentro de nossas famílias. Um dos lugares mais difíceis para se aplicar as lições de amor, aceitação e perdão é em casa, dentro de nossos próprios relacionamentos familiares. Há um antigo ditado que diz "familiaridade gera desdém", que explica por que tantos de nós parecem ter um enorme ponto cego em nossos relacionamentos mais próximos. Tratamos os membros da família de uma maneira que nem pensaríamos em tratar um estranho grosseiro na rua.

Acredito que Onésimo tenha entrado em algum tipo de apuro financeiro. Talvez ele fosse um jogador, ou tivesse algum outro problema de caráter que o levou à ruína financeira. Naqueles dias, as pessoas com dificuldades financeiras não podiam apelar para o tribunal de falências para socorrê-los. Eles poderiam, no entanto, por vezes, obter dinheiro vendendo-se como escravos. É possível supor que Onésimo foi a seu irmão Filemom e disse: "Fil, você poderia me ajudar? Estou em apuros e preciso de algum dinheiro".

"Bem, Onésimo, que tipo de garantia você tem?"

"Nada além de mim mesmo. Pague a dívida, Fil, e serei seu escravo."

Não sabemos se isso aconteceu dessa forma, mas é um provável cenário.

Se a irresponsabilidade colocou Onésimo nesta situação difícil, é fácil ver por que ele pode ter optado por fugir de suas responsabilidades com relação a seu irmão. Qualquer que tenha sido a situação, Onésimo fugiu e refugiou-se em Roma. Lá, ele aparentemente conheceu o apóstolo Paulo e encontrou a Cristo.

Senhores e escravos

Filemom provavelmente era cristão há algum tempo quando esta carta foi escrita, pois sabemos que em Colossenses 4:9 ele é elogiado como sendo um irmão fiel e amado que tinha sido de grande utilidade para Paulo e para o evangelho.

Portanto, temos que nos perguntar: Por que um cristão fiel seria proprietário de escravo? Esta pergunta nos ocorre naturalmente, pelo fato da escravidão ser tão abominável para nós hoje. No entanto, ela era aceita como parte das culturas grega e romana. Em outras epístolas de Paulo vemos várias admoestações aos cristãos que eram escravos:

Quanto a vós outros, servos, obedecei a vosso senhor segundo a carne com temor e tremor, na sinceridade do vosso coração, como a Cristo, não servindo à vista, como para agradar a homens, mas como servos de Cristo, fazendo, de coração, a vontade de Deus (Ef 6:5,6).

Servos, obedecei em tudo ao vosso senhor segundo a carne, não servindo apenas sob vigilância, visando tão somente agradar homens, mas em singeleza de coração, temendo ao Senhor (Cl 3:22).

Quanto aos servos, que sejam, em tudo, obedientes ao seu senhor, dando-lhe motivo de satisfação; não sejam respondões (Tt 2:9).

E Paulo também dá essas admoestações aos proprietários de escravos:

E vós, senhores, de igual modo procedei para com eles, deixando as ameaças, sabendo que o Senhor, tanto deles como vosso, está nos céus e que para com ele não há acepção de pessoas (Ef 6:9).

Senhores, tratai os servos com justiça e com equidade, certos de que também vós tendes Senhor no céu (Cl 4:1).

A razão pela qual não temos escravidão na civilização ocidental hoje é que corações e mentes foram transformados pelo evangelho de Cristo, e por princípios cristãos de amor, graça, igualdade e pelos nossos deveres cristãos com relação aos outros. A escravidão ainda é praticada em culturas onde o evangelho cristão não é considerado, especialmente no mundo muçulmano. A abolição da escravidão era uma questão importante na Igreja cristã durante os séculos 18 e 19.

Nos dias de Paulo, a escravidão era uma realidade que tinha de ser tratada. Embora os escravos continuassem a servir seus senhores, Paulo desafiou tanto escravos quanto senhores a se verem como família, e adorarem juntos na Igreja em pé de igualdade — o que deve ter sido um conceito surpreendente para os senhores de escravos daquela época.

No Império Romano, a vida de um escravo era normalmente dura, cruel e implacável. Se um escravo fugisse de seu senhor, ele poderia ser morto ou enviado de volta ao seu senhor para ser punido. E praticamente não havia nenhum limite para a severidade da punição (ou mesmo tortura) que um dono de escravos poderia infligir.

Quando Onésimo fugiu, ele pode ter agravado os seus problemas roubando dinheiro de Filemom, visto que Paulo acrescenta: "E, se algum dano te fez ou se te deve alguma coisa, lança tudo em minha conta" (v.18). Onésimo foi a Roma, se converteu a Cristo por meio do ministério de Paulo, e se tornou assistente deste apóstolo.

Contudo, Paulo estava determinado a enviá-lo de volta a Filemom para que Onésimo pudesse limpar sua consciência de todas as transgressões passadas contra seu senhor. Portanto, Paulo escreveu este gracioso bilhete que foi preservado para nós nas Escrituras, e ele o enviou de volta pelas mãos do próprio Onésimo.

O retorno de Onésimo

Imagine a cena na casa de Filemom quando esta carta e seu portador chegaram. Filemom está de pé em sua varanda certa manhã, olha para a estrada e vê alguém se aproximando. Ele diz à sua esposa, Áfia: "Aquele não parece ser o inútil do meu irmão fujão?".

Com certeza, é Onésimo mesmo. A ovelha negra retornou. A ira toma conta de Filemom e, à medida que Onésimo se aproxima, ele resmunga: "Então, finalmente você voltou para casa! O que o traz de volta aqui?".

Sem nenhuma palavra de defesa, Onésimo entrega a seu irmão um rolo. Filemom o pega e o lê:

Paulo, prisioneiro de Cristo Jesus, e o irmão Timóteo, ao amado Filemom, também nosso colaborador, e à irmã Áfia, e a Arquipo, nosso companheiro de lutas, e à igreja que está em tua casa, graça e paz a vós outros, da parte de Deus, nosso Pai, e do Senhor Jesus Cristo (vv.1-3).

"É de Paulo", Filemom diz a sua esposa. "É dessa maneira que ele sempre começa suas cartas. Não sei como meu irmão obteve essa carta, mas ela é autêntica".

Observe a referência nesses versículos iniciais "à Igreja que está em tua casa". Cristãos se reuniam na casa de Filemom para estudar e orar juntos. Esta é a Igreja que Paulo saúda. Não um edifício de paredes de pedra, vitrais e bancos de madeira, mas pessoas que se reuniam na casa de Filemom para estudar a Palavra de Deus, orar juntas e compartilhar suas lutas e sua força.

Filemom continua lendo:

Dou graças ao meu Deus, lembrando-me, sempre, de ti nas minhas orações, estando ciente do teu amor e da fé que tens para com o Senhor Jesus e todos os santos, para que a comunhão da tua fé se torne eficiente no pleno conhecimento de todo bem que há em nós, para com Cristo (vv.4-6).

Filemom diz: "Imagine, Paulo tem orado por nós, mesmo na prisão. Isso não é incrível!". Ele prossegue sua leitura e vê a primeira indicação do motivo pelo qual Paulo está lhe escrevendo:

Pois bem, ainda que eu sinta plena liberdade em Cristo para te ordenar o que convém, prefiro, todavia, solicitar em nome do amor, sendo o que sou, Paulo, o velho e, agora, até prisioneiro de Cristo Jesus; sim, solicito-te em favor de meu filho Onésimo, que gerei entre algemas (vv.8-10).

Na verdade, Paulo diz: "Eu poderia lhe ordenar fazer isso por minha autoridade como apóstolo, mas em vez disso, apelo a você com base em seu próprio amor cristão". Ele então passa a descrever Onésimo como alguém que gerou "entre algemas".

Creio que lágrimas provavelmente encheram os olhos de Filemom enquanto ele lia isso. Aqui estava o velho e querido Paulo, que o tinha levado a Cristo, sentado naquela prisão solitária, escrevendo: "Filemom, velho amigo, você me faria um favor? Estou apelando a você, mesmo podendo lhe dar uma ordem. Agradeceria muito que me fizesse um favor especial enquanto estou aqui na prisão". Como o coração de Filemom não se derreteria com essas palavras?

Imagino Filemom voltando-se para sua esposa e dizendo: "Olhe! Paulo, o apóstolo que me levou ao Senhor, levou também meu irmão Onésimo a Cristo. Não apenas temos o mesmo pai na carne, mas agora Paulo é um pai espiritual para nós dois!".

No versículo seguinte, encontramos um interessante jogo de palavras:

Ele, antes, te foi inútil; atualmente, porém, é útil, a ti e a mim (v.11).

Claramente, Onésimo era menos do que um inútil para Filemom. Ele o roubara e fugira. Ele era um incômodo — nada além de má notícia! E o irônico de tudo isso é que o nome Onésimo significa literalmente "útil" ou "rentável".

Paulo tem um maravilhoso senso de humor e aprecia um bom trocadilho de vez em quando. Assim, ele diz, de fato: "O Sr. Útil pode ter sido o Sr. Inútil para você no passado, mas ele é agora o Sr. Útil mais uma vez!". E como acrescenta no versículo 12, ele está enviando o Sr. Útil de volta a Filemom, onde ele pode viver dignamente de acordo com seu nome. Paulo considera o serviço de Onésimo a Filemom como um serviço a ele mesmo. Embora Paulo quisesse manter esse jovem útil consigo, preferiu ver Onésimo pagar sua dívida com Filemom, a quem ele ofendera.

Servos de um único Senhor

A chave para esta pequena carta é o versículo 16, onde Paulo diz a Filemom que está enviando de volta Onésimo para ele "não como escravo; antes, muito acima de escravo, como irmão caríssimo, especialmente de mim e, com maior razão, de ti, quer na carne, quer no Senhor". Com estas poucas palavras, Paulo apaga a linha de distinção entre escravos e livres. Os rígidos limites de pontos de vista

Inscrição de Pilatos em Cesareia

culturais são superados pelo amor e parentesco em Cristo.

Independentemente da posição — se alguém é escravo ou senhor de acordo com os costumes romanos — ambos são servos de um único Senhor, Jesus Cristo. Esse também deve ser nosso ponto de vista quando nos dirigimos às pessoas ao nosso redor. Ao invés de rotularmos os outros de acordo com a situação econômica, pontos de vista político, raça ou qualquer outra característica, devemos começar a vê-los como pessoas por quem Cristo morreu. Sendo cristãos, deste modo, são também pessoas que servem ao mesmo Senhor e Mestre, Jesus Cristo.

A carta de Paulo, sem dúvida, acertou o seu alvo — o coração de Filemom. Posso imaginar Filemom dizendo: "Se Onésimo é tão querido para nosso irmão Paulo, como não o perdoaria? Afinal de contas, Paulo diz nesta carta: 'Se, portanto, me consideras companheiro, recebe-o, como se fosse a mim mesmo' (1:17). Não posso simplesmente receber Onésimo de volta como escravo. Não posso simplesmente abrigá-lo no alojamento de escravos e enviá-lo de volta ao trabalho.

Tenho que receber Onésimo como se ele fosse o próprio Paulo!".

E Áfia responde: "Nesse caso, devemos dar a Onésimo o melhor quarto da casa".

Do que essa história o relembra? Você ouve os ecos da parábola do amoroso pai e do filho pródigo de Lucas 15? Isso é graça. Isso é o evangelho em ação.

E assim como Jesus pagou nossa dívida do pecado na cruz, Paulo cancela a dívida de Onésimo com Filemom. Aqui está a doutrina da substituição maravilhosamente retratada para nós em uma lição viva. Na verdade, Martinho Lutero observou certa vez: "Todos nós fomos o Onésimo de Deus". Éramos escravos. Éramos devedores. Éramos pecadores. Não merecíamos nada. Se fosse por nós, estaríamos nus e miseráveis diante de um Deus justo e santo, mas o Senhor Jesus diz ao Pai: "Se este fez algo de errado, ou lhe deve alguma coisa, ponha na minha conta. Eu o pago".

Esse é o evangelho. Isso é o que Deus fez por nós por intermédio de Jesus Cristo.

O alcance da graça

O coração de Filemom deve ter se derretido por causa dessa expressão incrível de graça vinda do coração de Paulo, procedente da solidão de uma cela fria de prisão. Paulo não tinha nada — nenhum dinheiro com o qual pudesse pagar a dívida de Onésimo — entretanto, ele escreveu: "…se te deve alguma coisa, lança tudo em minha conta. Eu mesmo te pagarei quando retornar".

Penso que esse foi o toque final de todo o apelo de Paulo. Com isso, acredito que o coração de Filemom se quebrantou, ele abriu seus braços, abraçou Onésimo e o perdoou.

O relacionamento de irmão com irmão foi restaurado.

Paulo entendeu que os dois irmãos não poderiam viver juntos como família enquanto um fosse escravo e o outro senhor. Ambos tinham que ser libertos das correntes que os prendiam. Onésimo tinha que ser livre das correntes de sua dívida para com Filemom, e este devia ser livre das correntes de sua cegueira cultural que considerava o senhorio sobre seu irmão como seu direito legal e moral.

No final, essas correntes foram quebradas não pela força da Lei. Foram dissolvidas pelo amor e pela graça.

À medida que esta breve carta chega ao fim, Paulo faz esta declaração:

Certo, como estou, da tua obediência, eu te escrevo, sabendo que farás mais do que estou pedindo (v.21).

Aqui vemos como a graça pode ir mais longe e influenciar vidas, relacionamentos e comportamentos. Paulo apelou a Filemom com base na graça. Se ele tivesse escolhido impor exigências sobre Filemom com base na Lei, com base em sua autoridade como apóstolo, ele teria dito: "Filemom! Como santo apóstolo da Igreja, eu lhe ordeno que aceite esse jovem de volta em sua casa e lhe devolva seu emprego!". Isso é o mais longe que a Lei pode ir. E Filemom teria obedecido à ordem legal.

Porém, a graça alcança muito mais longe do que a Lei. A graça não apenas recuperou o emprego de Onésimo na casa de Filemom, mas restaurou seu relacionamento, seu lugar de amor e pertença na família de Filemom. A graça rompe todas as barreiras, suaviza o atrito, limpa a amargura e cura a dor do passado.

Paulo, em seguida, acrescenta este pedido:

E, ao mesmo tempo, prepara-me também pousada, pois espero que, por vossas orações, vos serei restituído (v.22).

O apóstolo esperava ser liberto da prisão. Mas como? "Espero que, por vossas orações, *vos serei restituído*", escreve. E sabemos que Deus realmente concedeu estes pedidos. Paulo foi liberto e pregou a Palavra de Deus por mais alguns anos antes de se encarcerado pela segunda vez.

Paulo encerra com saudações daqueles que estavam com ele. Epafras era bem conhecido em Colossos, pois ele tinha fundado a Igreja lá. Mas agora como companheiro de prisão de Paulo em Roma, ele envia saudações, como também Marcos, autor do evangelho de mesmo nome, e Aristarco, um dos discípulos de Paulo. Demas era um jovem que mais tarde abandonou Paulo (como descobrimos na última carta que Paulo escreveu), porque "amou o presente século" (2Tm 4:10). Lucas, autor do evangelho de Lucas e do livro de Atos, também estava com Paulo em Roma e enviou saudações a Filemom.

As últimas palavras de Paulo são tão características do apóstolo da graça:

A graça do Senhor Jesus Cristo seja com o vosso espírito (v.25).

Aqui está o tema de Filemom, o tema do apóstolo Paulo, o tema de toda a Palavra de Deus aos seres humanos, que estão perdidos em pecado: A graça é a resposta para todos os nossos problemas e toda a nossa dor. É a resposta para a nossa culpa e pecado. É a resposta para os nossos relacionamentos conturbados. É a resposta para o nosso medo da morte.

A graça de Deus foi derramada sobre nós através do Senhor Jesus Cristo. E Sua graça nos chama a mostrar a mesma graça de Cristo àquelas almas carentes de graça ao nosso redor, pessoas como Onésimo que encontramos todos os dias — e especialmente aqueles em nossos próprios lares.

Que Deus nos dê graça para representar Seu caráter gracioso todos os dias.

PERGUNTAS PARA DISCUSSÃO

FILEMOM
Um irmão restaurado

1. Leia a carta de Paulo a Filemom e compare-a com Colossenses 3:12-14. Cite exemplos específicos, mostrando como Paulo pratica o que prega.

2. Você acha que Paulo está preocupado se Filemom vai amar, aceitar e perdoar Onésimo? Ou está totalmente confiante quanto ao que Filemom vai fazer?

3. Paulo diz a Filemom: "E, se algum dano te fez ou se te deve alguma coisa, lança tudo em minha conta" (v.18). Paulo escreveu esta carta enquanto era prisioneiro em Roma, e provavelmente tinha recursos muito limitados para reembolsar Filemom. No entanto, o fato de dizer "lança tudo em minha conta" deve ter sido muito agradável a Filemom. É difícil imaginar Filemom tendo rancor contra Onésimo depois de um apelo tão sincero.

   O que mais que Paulo diz para amolecer o coração de Filemom? Paulo é sincero ou está manipulando as emoções de Filemom? Como você sabe?

4. Leia a parábola do filho pródigo em Lucas 15:11-32. Quais paralelos você vê entre a parábola do Senhor e a situação entre Filemom e Onésimo? Quais diferenças importantes ou contrastes você vê?

APLICAÇÃO PESSOAL

6. O autor escreve: "Um dos lugares mais difíceis para se aplicar as lições de amor, aceitação e perdão é em casa, dentro de nossos próprios relacionamentos familiares. Há um antigo ditado que diz que a 'familiaridade gera desdém', o que explica por que tantos de nós parecem ter um enorme ponto cego em nossos relacionamentos mais próximos. Tratamos os membros da família de uma maneira que nem pensaríamos em tratar um estranho grosseiro na rua". Você concorda ou discorda? Você tem um relacionamento rompido com alguém de sua própria família? Quais passos pode tomar esta semana para começar a curar esse relacionamento?

6. Quem é o Onésimo de sua vida? Quem é a pessoa que lhe roubou, traiu, ou maltratou? Quem precisa do seu perdão agora mesmo? Há alguma coisa que esteja lhe impedindo de perdoar essa pessoa? Quais passos você pode tomar esta semana para eliminar o distanciamento entre você e seu Onésimo?

7. Quem é o Filemom em sua vida? A quem você feriu ou maltratou? Quem é a pessoa a quem você precisa ir e dizer: "Eu estava errado, desculpe-me, por favor, perdoe-me?". Quais passos você pode dar esta semana para acabar com o impasse e começar a cura?

Mosteiro de São Jorge, Wadi Qelt, Israel